Erinnerungen

aus den Jahren 1848 bis 1850.

Erinnerungen

aus den Jahren 1848 bis 1850.

Von

Wilhelm Oechelhaeuser.

Berlin.
Verlag von Julius Springer.
1892.

ISBN 978-3-642-51311-4 ISBN 978-3-642-51430-2 (eBook)
DOI 10.1007/978-3-642-51430-2

Softcover reprint of the hardcover 1st edition 1892

Buchdruckerei von Gustav Schade (Otto Francke) in Berlin N.

Vorwort.

Auf Veranlassung nahestehender politischer Freunde veröffentliche ich in den nachfolgenden Blättern einen, die Jahre 1848 bis 1850 umfassenden Theil der „Erinnerungen aus meinem Leben", welche ich, nur für den engeren Familienkreis bestimmt, im abgelaufenen Jahr niederschrieb. Möge in den Herzen der jüngeren Generation das freudige und dankbare Gefühl Widerhall finden, welches mich belebt, wenn ich von der Höhe des heute so groß und stolz dastehenden Deutschlands, an jene Epoche der schweren Geburtswehen des deutschen Einheitsgedankens zurückdenke. Tief beuge ich mich dabei im Geiste vor dem Schatten des Heldenkaisers Wilhelm, der uns aus Nacht zum Licht führte.

Dessau, im Februar 1892.

Wilhelm Oechelhaeuser.

Die Märztage des Jahres 1848 waren über Europa dahin gebraust. Sie hatten den Freiheitsdrang des deutschen Volks entfesselt, in ihren Ausbrüchen aber zunächst seine wirthschaftlichen Kräfte total gelähmt. Handel und Verkehr stockten, und in der allgemeinen Krisis gingen auch für mich die Aussichten auf Begründung eines eignen Geschäftes unter, welche ihrer Erfüllung nahe gewesen waren. So verließ ich denn — ich stand in meinem achtundzwanzigsten Lebensjahr — am 4. April 1848 meine Heimath in den westfälischen Bergen, um mir einen neuen Wirkungskreis, wo möglich im Staatsdienste, zu suchen.

Ich ging zuerst nach Berlin, welches ich in der Blüthe der Lindenclubs und der Redeübungen Eichler's und Consorten „unter den Zelten" antraf. Wo man ging und stand, auf der Eisenbahn, im Wirthshaus, auf der Straße, überall vibrirte die politische Erregung. Unter anderen Verhältnissen hätte mein rasches Blut und mein in den vierziger Jahren in Königsberg ausgebildetes Interesse an der freiheitlichen Entwickelung des Vaterlandes mich höchst wahrscheinlich in irgend einer Weise in die Volksbewegung hineingezogen. Bei den geschäftlichen Sorgen jedoch, welche mich bedrückten, hielt ich es für angemessen, mich vom politischen Schauplatz ganz fern zu halten. So bin ich denn als Zuschauer an allen Ereignissen dieses aufgeregten Jahres vorübergegangen. Selbstverständlich nahm ich aber hohes Interesse an der Scheidung der Geister, welche sich nunmehr, da es positive Aufgaben zu erfüllen galt, aus der früheren gemeinsamen und äußerlich geschlossenen Opposition der vierziger Jahre entwickelte. Heuler und Wühler auf den äußersten Flügeln — in Baden ward sogar im April ein republikanischer Putsch von Hecker und Struve in Scene gesetzt — fand ich meinen politischen Standpunkt von vorn herein bei den Parteien des gemäßigten Liberalismus, die eine Constitution, etwa nach Art der französischen von 1830, erstrebten. Eine politische Wandlung habe ich somit nie durchgemacht; denn noch heute bekenne ich mich zu den gleichen, allerdings durch Erfahrung geläuterten Grundsätzen, wie beim Eintritt in jene große Bewegung. Nur lag damals bei den politischen Mittelparteien noch alles chaotisch durcheinander und die Ansichten begannen sich erst allmählich, unter dem Einfluß der Debatten der preußischen Nationalversammlung und des Frankfurter Parlaments, abzuklären.

Nach einem fruchtlosen, in den Tagen vom 14. bis 23. April unternommenen Versuch, in Berlin eine Staatsanstellung zu erlangen, wandte ich mich nach Oesterreich, wo ich noch aus meiner früheren industriellen Thätigkeit einige geschäftliche Aufgaben zu lösen hatte. Am 25. April traf ich in Prag ein. Ueberall unterwegs war Unruhe und Aufregung, auch die öffentliche Sicherheit vielfach gefährdet. So erinnere ich mich noch, daß wir von Teplitz aus die ganze Nacht, mit Säbel und Pistolen bewaffnet, im Postwagen Wache hielten, da wir Angriffe von Strolchen befürchten mußten. Ich fand Prag, wo ich mich 10 Jahre früher längere Zeit aufgehalten hatte, zum Nichtwiedererkennen verändert, den czechischen Plebs obenauf, die

Deutschen zurückgedrängt. Zunächst siedelte ich für einige Wochen nach Wran, einige Stunden von Prag, über, wo das Haus, mit dem ich in Geschäftsverbindung gestanden, eine Papierfabrik und eine mechanische Werkstätte besaß. Dort erledigte ich meine geschäftlichen Aufgaben zur großen Zufriedenheit, und schlug mir demnächst der Chef des Hauses vor, auf gemeinschaftliche Rechnung die österreichischen Papierfabriken zu bereisen und Aufträge auf verschiedene Apparate und Maschinen für die Werkstatt in Wran aufzunehmen. Noch ohne weitere Aussichten nahm ich dies Anerbieten an, verließ Prag am 15. Mai und gelangte zwei Tage später über Brünn — wo das Staatsgefängniß des Spielbergs an die Gräuel der Metternich'schen Periode erinnerte, — nach Wien. Des andern Morgens fand ich die ganze Stadt in unbeschreiblicher Aufregung: der Kaiser war entflohen. Es folgten dann die Tage einer gemüthlichen Anarchie, der im Wesentlichen Windischgrätz erst im October ein Ende bereitete, und die man mit erlebt haben muß, um zu begreifen, wie ein großes Reich unter der Herrschaft von Studenten und Literaten überhaupt fortzuvegetiren vermochte, — ein hochkomisches Bild freiheitlicher Entwickelung, über das man hätte lachen können, wenn nicht so ungeheure Interessen auf dem Spiel standen und der blutige Ernst nicht im Hintergrund lauerte. Eine Woche sah ich diesem Schauspiel zu und reiste dann weiter nach Süden. Die Eisenbahn war erst bis zum Fuße des Semmering, und auf der anderen Seite nur bis Marburg vollendet. Auf der Fahrt über den Semmering kam ich in dasselbe Coupé mit der Gräfin Hoyos, deren Gatte, Stadtkommandant von Wien, Tags vorher von den Studenten und dem Pöbel verhaftet worden war und für dessen Leben sie fürchtete. Die Unterredung mit der Gräfin gab mir eine interessante Schilderung der revolutionären Bewegung aus der Perspektive des hohen Adels. Ich blieb zwei Tage in Graz und setzte dann, von Marburg aus zu Wagen, meine Reise noch durch Kärnten bis Laibach fort. Ueberall, insbesondere in den Gegenden Brünn, Wien, Wiener-Neustadt, Graz, Laibach u. s. w. suchte ich unermüdlich die Papierfabriken ab, erhielt auch einige unbedeutende Aufträge, mußte mich aber schließlich, im Einverständniß mit dem Prager Geschäftsfreunde überzeugen, daß es in dieser politisch ebenso aufgeregten, wie geschäftlich gedrückten Zeit eine absolute Unmöglichkeit sei, belangreiche Geschäftsverbindungen anzuknüpfen. So machte ich denn am 28. Mai in Laibach Kehrt und traf gerade in Wien an dem Tag, dem 30. Mai, wieder ein, wo die Schwäche der Regierung sich in ihrer höchsten Potenz durch Auslieferung von 12 Kanonen an die Studentenkorps manifestirte. Der im Calabreser, mit wallendem Federbusch, und Schleppsäbel einherstolzirende Student war der politische Herr des Tages und zugleich der Löwe der Gesellschaft, dem sich die Bürger mit geradezu kindlicher Naivetät unterordneten, auf seine geistige Autorität und politische Befähigung schwörend. Trümmer von Barrikaden versperrten alle Straßen, von Bürgergardisten, Studenten, revolutionären Zugvögeln aus Polen und Amazonen der Halbwelt belebt. Das Theater, insbesondere das Burgtheater, war mein einziger geistiger Genuß in dieser tollen Zeit. Ich sah Laroche, Anschütz, Löwe und hörte in der Oper am Kärnthnerthor die ersten Aufführungen von Flotow's Martha mit Staudigl und Erl, der Schwarz und Zerr, —

das vortrefflichste Ensemble, welches sich je wieder in dieser Oper zusammengefunden hat. Im Uebrigen schlichen meine trüben Gedanken nach der Heimath; denn aus diesem Chaos sah ich sich so wenig eine meinen Idealen entsprechende politische Gestaltung entwickeln, als die allgemeine Zerrüttung die Aussicht auf Begründung eines eigenen Geschäfts oder Erlangung einer Staatsanstellung aufkommen ließ.

So verließ ich denn, nachdem ich zuletzt noch vergebliche geschäftliche Anknüpfungsversuche gemacht hatte, am 6. Juni Wien, um es erst nach 10 Jahren unter ganz anderen Verhältnissen wiederzusehen. Ich traf schon des folgenden Tages in Arnau im nördlichen Böhmen ein, um auch dort noch einige geschäftliche Aufgaben zu erledigen. Unter meinen dort erworbenen Bekanntschaften erinnere ich mich noch des damals als Chemiker in einer Papierfabrik beschäftigten Alwin Rudel, später langjähriger Redacteur der Papierzeitung, — eine joviale und originelle Persönlichkeit, mit dem mich seitdem der Zufall bald hier, bald dort, insbesondere auf den Ausstellungen in London, Paris u. s. w. wieder zusammenführte.

Als ich in Arnau meine kleine geschäftliche Aufgabe erfüllt hatte, brach am ersten Pfingsttage, dem 11. Juni, in Prag der bekannte czechische Aufstand aus, als dessen erstes Opfer die Fürstin Windischgrätz fiel. Da ich, um mit dem dortigen Haus abzurechnen, über Prag zurückkehren wollte, und mich überdies die Neugier nach dem Schauplatz einer wirklichen Revolution zog, so reiste ich am 15. Juni dorthin ab. Ein Haufen Freiwilliger aus der Arnauer Bürgerwehr, in welcher mein Bekannter, Herr Rudel, mit unendlicher Komik den Lieutenant spielte, war bereits Tags vorher abmarschirt. Es war ein unbewußter Thatendrang, der die guten deutsch gesinnten Arnauer unter dem Wahrspruch: „Windischgrätz bedrohe die Freiheit" gen Prag führte; als sie jedoch des Abends fernen Kanonendonner von Prag her hörten und über den czechischen Charakter des Aufstandes unterrichtet wurden, kehrten sie wohlweislich wieder heim. Ich selbst fuhr die Nacht durch im herrlichsten Mondschein über die von Flüchtlingen belebte Straße und erreichte Prag am 16. Juni früh Morgens. Die Stadt starrte noch von Barrikaden und trug die sichtbarsten Spuren der vorhergegangenen Straßenkämpfe. Czechische Studenten und Officiere der Swornost führten das Regiment; dazwischen wimmelte es von den anarchischen Sturmvögeln, welche in jener Zeit allerorten auftauchten, wo ein Aufstand ausbrach, oder angestiftet werden sollte. Die wohlhabenden Bürger hatten sich meistens geflüchtet; die halbe Stadt war leer. Man war, nach den Kämpfen des vorigen Tages, dessen Kanonendonner wir bis über Jung-Bunzlau hinaus gehört hatten, am Unterhandeln mit der die Kleinseite und den Hradschin innehabenden Windischgrätzschen Militärmacht, als gegen Abend die getroffenen friedlichen Abmachungen durch die Frivolitäten czechischer und polnischer Revolutionäre, welche auf eine von der Kleinseite anrückende Abtheilung Soldaten schossen, hinfällig wurden, und nun vom Laurentiusberg und der Marienschanze aus die nächtliche Beschießung der Stadt mit Bomben, Granaten und Vollkugeln ihren Anfang nahm. Bald standen die Mühlen in der Moldau in Brand und beleuchteten, im Verein mit dem Vollmond der reizenden Juninacht, das gegenüberliegende Ufer und den Hradschin in wunderbar schöner Weise. Ich gerieth selbst, als ich mich zu nahe ans Ufer wagte, um das großartige Schauspiel zu genießen, durch die Kugeln der am jenseitigen Ufer postirten Schützen in Lebensgefahr. Noch in der Nacht flüchtete der revolutionäre Zuzug, und am andern Tag hielten die Truppen, ohne Widerstand zu finden, ihren Einzug. Ich ordnete an diesem Tage meine Geschäfte so gut als möglich und reiste des nächsten Morgens ab. Im Herbst desselben Jahres brachte ich die Erlebnisse dieser denkwürdigen Woche zu Papier und bot sie der Kölnischen Zeitung an, welche sie für ihr Feuilleton acceptirte und sehr gut honorirte.*)

Ueber Dresden reiste ich zunächst nach Berlin, wo ich am 21. Juni eintraf und bis 27. blieb. Inzwischen hatte dort, in Abwesenheit des Militärs, der bekannte Zeughaussturm stattgefunden, und die constituirende Nationalversammlung tagte unter Präsidium meines späteren Freundes von Unruh. Bei dieser Gelegenheit sah ich auch den mir von Königsberg her sehr wohl bekannten Johann Jacoby, als Führer der radikalsten Partei des Hauses wieder; doch verstanden wir uns nicht mehr. Mein practischer, stets das Erreichbare als Grenze anerkennender Sinn konnte seinen utopistischen Phantasieen nicht folgen. Immerhin gewährte aber doch Berlin äußerlich einen gesetzmäßigeren Anblick, Dank der höheren Intelligenz Norddeutschlands, als die gemüthliche Anarchie in Wien.

Am 8. Juli in meiner Heimath nach mehr als dreimonatlicher Abwesenheit wieder angelangt, richtete ich nun

*) Ich habe diese Feuilleton-Artikel im Anhang wörtlich wiedergegeben; das Eingehen in alle Einzelheiten wird eine Episode aus jenem ereignißreichen Jahre getreuer darstellen, als eine nackte Aufzählung der Thatsachen. —

mein Augenmerk auf eine Anstellung im Reichsdienst in Frankfurt und lichtete schon nach einigen Tagen wieder die Anker, um diesem Hoffnungsstern zu folgen. Ich hatte auch insofern noch eine besondere Veranlassung, gerade nach Frankfurt zu gehen, als mir mein Prager Geschäftsfreund beim Abschied angeboten hatte, für seine Zeitung Parlamentsberichte zu schreiben, die er sehr gut honorirte. Connexionen hatte ich in Frankfurt keine; nur von einem älteren Freunde aus meiner Vaterstadt, der mir stets sehr wohl gesinnt war, erhielt ich ein warmes Empfehlungsschreiben an den Bremer Großkaufmann, Senator Duckwitz, von dessen Hause er seit Jahrzehnten die Wildhäute für seine Gerberei bezog und den die öffentliche Meinung damals schon als den künftigen Reichshandelsminister bezeichnete.

So traf ich denn kurz vor dem am 11. Juli erfolgenden Einzug des Reichsverwesers Erzherzog Johann, der sich lediglich durch seine Heirath mit einer Postmeisterstochter den Anspruch auf diese Stellung erworben hatte, in meiner neuen Schicksalsstadt Frankfurt ein, und bezog ein bescheidenes Stübchen an der Katharinenpforte. Das politische und gesellige Leben Frankfurts war damals ein ungemein bewegtes und interessantes. Alles strömte dorthin, um wenigstens einmal einer Sitzung in der Paulskirche beigewohnt, die Coryphäen des am 18. Mai eröffneten Parlaments gesehen oder gehört zu haben. Man macht sich heute, wo die parlamentarischen Versammlungen etwas Alltägliches geworden sind und keine Aureola mehr das Haupt des Volksvertreters umgiebt, gar keinen Begriff mehr von der staunenden Bewunderung, von dem naiven

Glauben an die Allgewalt des Parlaments, womit die Menge diese erste Repräsentation des deutschen Volkes betrachtete. Ganz Deutschland lebte damals in einem Gefühlstaumel, der die großen grundlegenden Fragen mit dem Enthusiasmus, statt mit dem Verstand, lösen zu können glaubte. Die patriotische Phrase war die erste öffentliche Macht, und ihr größter Träger war Heinrich von Gagern, der damals allmächtige Schöpfer der Centralgewalt, der binnen wenigen Jahren von solcher Höhe zur politischen Nullität herabsinken sollte. Seine hohe Gestalt mit der Jupiterstirn auf dem Präsidentsitz des Parlaments nur gesehen zu haben, war schon ein hoher politischer Genuß. Allerdings waren zur Zeit meines Eintreffens in Frankfurt die Illusionen schon einigermaßen gestört; die Realpolitiker begannen sich allmählich von den Idealpolitikern zu sondern. Wie es bei den Freiheitsfragen gegangen war, daß nämlich die Gemeinsamkeit der früheren negierenden Opposition zu den größten Spaltungen geführt hatte, sobald Positives geschaffen werden sollte, so trat nun der gleiche Zwiespalt hervor, als die bisher im Lied besungene deutsche Einheit verwirklicht, durch eine Verfassung verkörpert werden sollte. Der sogenannte Dahlmann'sche Verfassungsentwurf, mit seiner Spitze eines erblichen Kaiserthums, brachte zuerst den ruhig Denkenden die ungeheuren Schwierigkeiten zum Bewußtsein, die auf diesem Wege zu überwinden waren. Die allgemeine Begeisterung, der Optimismus, der jede beginnende Volksbewegung charakterisirt, suchte sich zwar noch längere Zeit über diese Schwierigkeiten hinwegzutäuschen; allein für immer war dies nicht möglich, da das Verfassungswerk thatsächlich in Angriff genommen werden mußte. Ueber die verschiedenen theoretischen Anschauungen, die in der ungeheuren Phrasendrescherei über die „Grundrechte des deutschen Volks" zum Ausdruck gelangten, kam man schon eher hinweg, da es sich dabei nur um papierne Paragraphen handelte. Als aber die Verfassungsfrage herantrat und praktisch gelöst sein wollte, da hielt der frühere Begeisterungstaumel, in welchem selbst ein Georg von Vincke für die unglückselige Wahl des Erzherzog Johann hatte eintreten können, nicht mehr Stand, und erst allmählich, dann immer weiter und tiefer entwickelte sich im Volk, im Parlament und bei den Fürsten die Erkenntniß des tiefen Zwiespalts, der sich in letzter Instanz zu der Frage verdichtete, ob Preußen oder Oesterreich in dem geeinten Deutschland herrschen solle. Duumvirat, Directorium, alternirendes Präsidium und wie die politischen Kannegießereien alle hießen, waren nur ohnmächtige Versuche, diesen großen, in geschichtlichen Thatsachen und realen Machtverhältnissen wurzelnden Zwiespalt zu überkleistern. Die Entscheidung mußte schließlich fallen; in der Abstimmung des Parlaments fiel sie auch schon am 28. März des nächsten Jahres bei der Wahl des preußischen Erbkaisers, allein in der Welt der Thatsachen erst 17 Jahre später, auf dem Schlachtfeld von Königgrätz.

Es war jedenfalls hochinteressant und anregend für den in Königsberg vorgebildeten jungen Politiker, diese Zeit in Frankfurt zu durchleben und täglich die Debatten zu verfolgen, die sich vom Parlament bis zur letzten Bierkneipe fortpflanzten. Einen anderen Gegenstand der Unterhaltung als die politische Lage und die deutsche Frage gab es überhaupt nicht. Dabei hatte ich einen schönen Platz auf der Berichterstattertribüne der Paulskirche und wohnte den interessanten Verhandlungen einer Versammlung bei, wie sie so viele bedeutende Männer und große Redner noch nicht wieder in Deutschland vereinigt hat. Gagern, Vincke, Radowitz, Schmerling, Simson, Lychnowski, Jordan, Giskra, Ludwig und Heinrich Simon, Robert Blum, Vogt und so viele andere, jeder in seiner Art, waren hoch bedeutende Redner, die theilweise hinzureißen wußten. Und dabei bedenke man den Rückhalt an der Begeisterung eines zu politischem Leben erwachten Volkes und die ungeheure Bedeutung des Stoffs, den die Parlamentsreden damals zu bewältigen hatten, — Aufgaben, an die unsere heutigen Geschäftsparlamente nicht mehr heranreichen!

Selbstverständlich behielt ich mein Hauptziel, die Erlangung einer Anstellung im Reichshandelsministerium, in erster Linie im Auge, und am 8. August, dem Tage vor seiner officiellen Ernennung zum Reichsminister des Handels und der Marine, that ich den verhängnißvollen, für mein Leben so bedeutungsvoll gewordenen Gang zu Herrn Duckwitz, bewaffnet mit dem Empfehlungsschreiben seines langjährigen Geschäftsfreundes. Duckwitz las den langen Brief sehr aufmerksam durch, that einige Fragen über meinen Lebenslauf und sagte mir dann, daß ich mich schriftlich melden möge, bemerkte aber auch, daß schon sehr viele derartige Gesuche vorlägen; dann entließ er mich freundlich. Sein Benehmen flößte mir Hoffnungen ein, die nicht trügen sollten.

Um übrigens nichts zu versäumen, machte ich auch Herrn G. Mevissen aus Köln meine Aufwartung, welcher zum Unterstaatssekretär im Reichshandelsministerium ernannt, von meinem heimathlichen Kreis aber in das Parlament gewählt worden war. Es war dies der Anfang einer Bekanntschaft, die sich in späteren Jahren viel enger schloß. Mevissen nahm mich freundlich auf und rieth mir eine Arbeit über ein handelspolitisches Thema zu verfassen, die er prüfen und dann Duckwitz einreichen wolle. Als ich ihn verlassen, war ich zunächst ziemlich muthlos. Ich, eine handelspolitische Arbeit machen, die solche Größen — ich glaubte damals nämlich noch an Größen — befriedigen könne, ich, der ich außer dem einmaligen Durchlesen von F. List's Nationalökonomie noch nie einen Blick in diese Sphäre gethan, noch irgend Jemand kannte, der mir hätte Rath ertheilen und Hilfe leisten können! Ich hatte allerdings mein handelspolitisches Glaubensbekenntniß, des Schutzzolls nämlich, das jeder Westfale schon mit der Muttermilch einsog, allein als Glaubenssatz, nicht als Resultat von Studium oder Nachdenken. Als ich so ziemlich muthlos über das Glacis dahinschritt, fiel mir plötzlich ein Thema ein, zu dem ich auch sofort eine pomphafte Ueberschrift erfand: „Die wichtigsten Complemente des nationalen Transportsystems". Ich begeisterte mich förmlich an dieser prächtigen Ueberschrift und ging sofort an die Arbeit. Im Allgemeinen wußte ich, daß Duckwitz, wie ich, ein gemäßigter Schutzzöllner war, ferner, daß damals die handelspolitische Abhängigkeit von Holland, welches die Rheinmündungen schloß, und von Dänemark, welches den hohen Sundzoll erhob, besonders bitter empfunden wurde und einer selbstständigen deutschen Handelspolitik, die Duckwitz durch Differentialzölle zu Gunsten der deutschen Flagge und der directen Einfuhren aus den Erzeugungsländern zu stärken gedachte, große Schwierigkeiten entgegenstellte. Um diese Abhängigkeiten zu beseitigen, proponirte ich zwei für Seeschiffe fahrbare Canäle, welche gegenwärtig beide, wenn auch aus theilweise veränderten Motiven, in der Ausführung begriffen sind, nämlich einen Schifffahrts-canal von den Emshäfen nach dem Rhein und einen Eidercanal zur Verbindung der Nord- und Ostsee. Ich stand nicht von der Arbeit auf, bis sie vollendet war und reichte sie dann Mevissen zur Begutachtung und zur Beförderung an Duckwitz ein.

In der Zwischenzeit arbeitete ich auch sehr angestrengt für den damals renommirten Statistiker Baron von Reden, eins der angesehensten Mitglieder des berühmten volkswirthschaftlichen Ausschusses des Parlaments, der aber, ehe er einen Beweis seiner Existenz gegeben, spurlos wieder unterging. In der Hoffnung, daß Redens Protection mir vielleicht später nützen könne, fertigte ich für ihn unentgeltlich lange Auszüge aus den auf die Anfragen des Ausschusses eingelaufenen Antworten der Kaufleute und Industriellen, worauf das nationale wirthschaftliche System rationell aufgebaut werden sollte, — eine unglaubliche Naivetät! Herr von Reden ist der erste, der meinen Glauben etwas erschütterte, daß hinter jedem großen Namen auch ein sehr bedeutender Mann stecken müsse. Ich fand nämlich, daß die Namens des volkswirthschaftlichen Ausschusses gestellten Fragen, in den Fächern wenigstens, die ich zu beurtheilen vermochte, vielfach von ungenügender Kenntniß des Fragestellers zeugten und den Kern der Sache gar nicht trafen. Damit soll allerdings Reden's Verdienst, als einer der Bahnbrecher im Gebiet der deutschen wirthschaftlichen Statistik, durchaus nicht zu nahe getreten werden.

Gegen Schluß dieses Monats, es war gerade an meinem Geburtstag, dem 26. August, machte ich zufällig eine Bekanntschaft, die für die nächsten 8 Jahre meines

Lebens für beide Theile eine sehr bedeutungsvolle wurde. Es war dies in einem Garten vor dem Allerheiligenthor, wo ich mich mit vielen anderen des Scherzes halber eingefunden hatte, um dem Hokuspokus einer Verbrüderung der Wiener und deutschen Demokraten zuzusehen. Man hatte zu dem Ende einen Wiener, auf der Frankfurter Messe thätigen jüdischen Musterreiter, Namens Deutsch, nach Hanau zurückeskortirt und in die bekannte Uniform der Wiener Legion, mit Calabreser und Schleppsäbel, gesteckt, worauf er dann als „Deputirter der Kaiserstadt" seinen Einzug hielt und in besagtem Kaffeegarten das übliche Anerbieten von Gut und Blut der Oesterreicher für Deutschlands Befreiung vom Tyrannenjoch abgab. Es war meines Erinnerns Rößler aus Oels, genannt der „Reichskanarienvogel" (möglicherweise aber auch Wiesner, genannt das „Wiener Tränkchen), welcher diese Zusage feierlichst in Empfang nahm und im Namen Deutschlands einen gleichen Aufwand von Gut und Blut zu Gunsten Oesterreichs zusagte. Wir standen gerade in der phrasenreichsten Periode des Reichstags, in welcher die „deutschen Grundrechte" fabricirt wurden. Im Unmuth über all diesen Redequark äußerte ich, an dem Tisch, wo ich Platz genommen, das Volk und Parlament sollten sich endlich einmal mit vernünftigeren Dingen, vor allem mit volkswirthschaftlichen Fragen beschäftigen. Da reichte mir Jemand über den Tisch die Hand hin und rief: „Sie sind mein Mann; das ist das erste vernünftige Wort, welches ich seit acht Tagen in Frankfurt gehört habe." Der freundliche Sprecher war Dr. Theodor Toegel, aus Hildesheim gebürtig, früher Mitredacteur der Augsburger Allgemeinen Zeitung, dann, als Nachfolger List's,

Herausgeber des Zollvereinsblattes, des angesehensten Organs der deutschen Schutzzöllner. Unsere Bekanntschaft machte außerordentlich rasche Fortschritte, und führte mich Dr. Toegel insbesondere auch in die Kreise der bedeutendsten Industriellen ein, welche sich um diese Zeit in Frankfurt einfanden, um den „Verein zum Schutz vaterländischer Arbeit" zu begründen, einen Verein, dem solche Bedeutung beigelegt wurde, daß die süddeutschen Regierungen lange Zeit hindurch höhere Staatsbeamte zur Theilnahme an seinen Berathungen delegirten. Ich wohnte der Versammlung im „Schwan" bei, in welcher dieser Verein begründet wurde und einen bis dahin unbekannten jungen Mann, der sich wohl nur aus Sport dazu eingefunden hatte und durch ein Monocle auszeichnete, zum Vorsitzenden wählte. Es war dies der Prinz Felix von Hohenlohe-Oehringen, mit dessen Namen man nur den Verein zu dekoriren gedachte, der sich indeß später, als Parteigänger der Großdeutschen, in einer Weise selbstständig entwickelte, welche den norddeutschen Industriellen sehr unbequem wurde. Die vielen Bekanntschaften mit Großindustriellen und Führern der wirthschaftlichen Bewegung, welche ich Dr. Toegel verdankte, sind mir später zu meiner Ausbildung und theilweise auch zu meinem Fortkommen, von großem Nutzen gewesen. Es war dies gleichsam der Stamm des großen Kreises bedeutender Männer aus allen Lebensstellungen, deren Bekanntschaft ich mir im Leben erworben habe. Besonders lebhaft erinnere ich mich dabei noch heute des freundschaftlichen Verhältnisses zu dem späteren hochverdienten Präsidenten der Württembergischen Centralstelle für das Gewerbewesen, dem Herrn von Steinbeis.

Aus derselben Zeit muß ich auch noch zwei Bekanntschaften erwähnen, die ich im „Pfau" machte, einem Bierhaus, das ich jeden Abend zu besuchen pflegte. Es waren dies der Philosoph Ludwig Feuerbach, dessen Schriften ich fünf Jahre vorher in Königsberg so emsig studirt hatte, und Friedrich Kapp, der einige dreißig Jahre später mein College im deutschen Reichstag wurde. Feuerbach liebte übrigens nichts weniger, als religiöse und philosophische Gespräche im Wirthshaus; unsere täglichen Unterhaltungen waren fast spießbürgerlich-harmlos und wurden nur von Zeit zu Zeit durch demokratische Kraftausdrücke Kapp's gewürzt, dessen frisches, offenes Wesen mich sehr anzog, wenn wir auch politisch durchaus nicht harmonirten.

Es war in den ersten Tagen des Septembers, als ich durch Dr. Toegel, der sich ebenfalls um eine Anstellung im Reichshandelsministerium bewarb, in Erfahrung brachte, daß meine Arbeit mit der vorerwähnten pompösen Ueberschrift sehr gefallen und ich alle Aussicht auf eine Anstellung habe. Ich war durch einen glücklichen Zufall gerade in den Ideenkreis von Duckwitz hineingerathen, und hatten insbesondere die entwickelten allgemeinen handelspolitischen Anschauungen sehr gefallen. Nach Jahren gründlichen Studiums kam mir der Aufsatz wieder zu Gesicht, und ich begriff kaum, wie er mir in jenem Anfangsstadium volkswirthschaftlicher Erkenntniß so gut hatte gelingen können. Da, im Augenblick, wo meine sehnlichsten Wünsche sich vielleicht schon binnen wenigen Tagen erfüllen sollten, stellte ein äußeres Ereigniß sie wieder in Frage.

Deutschland war bekanntlich zu jener Zeit wegen Schleswig-Holstein mit Dänemark in Krieg. Nun hatte General von Bonin am 26. August den bekannten Waffenstillstand von Malmö abgeschlossen und beorderte sofort, ohne Genehmigung der Centralgewalt, die Bundestruppen zurück. In der gesammten Presse Deutschlands erhob sich über die Eigenmächtigkeit Bonin's und die Bedingungen dieses Waffenstillstands, den man als für Deutschland schimpflich auffaßte, ein ungeheurer Lärm. Die Schleswig-Holstein'sche Frage war in der That in Deutschland damals unglaublich populär; keine Orgel, die nicht „Schleswig-Holstein meerumschlungen" spielte. Im Parlament wurde von Dahlmann der Antrag gestellt, die Ausführung des Waffenstillstandes einstweilen zu sistiren, und dieser Antrag am 5. September nach leidenschaftlichen Debatten angenommen. Sofort trat das ganze Reichsministerium Schmerling, also auch mein neu gewonnener Gönner Duckwitz, zurück. Ich war in tiefer Betrübniß.

Inzwischen gewann bald ruhigere Ueberlegung die Oberhand. Man machte sich klar, daß eine Verwerfung des Vertrages von Malmö zu einem Conflict der idealen Machtstellung des Parlaments mit der realen Macht Preußens führen müsse, den ersteres sehr zu scheuen habe. Auch bewirkte Preußen einige Aenderungen in den Waffenstillstandsbedingungen, um dem Parlament eine Rückzugsbrücke zu bauen. So erfolgte dann 11 Tage später, die mit aufregenden Verhandlungen und leidenschaftlichen Ergüssen der Presse hingingen, am 16. September die definitive Genehmigung des Waffenstillstandes, allerdings mit sehr kleiner Majorität. Die Abstimmung wurde von der draußen harrenden Volksmasse mit Heulen und Johlen begrüßt. Sie wurde das Losungswort zu einem allgemeinen Ausbruch längst angesammelter Gährungen. Von außen hatten sich die üblichen Sturmvögel und Barrikadenprofessoren bereits zahlreich eingefunden. Am folgenden Tag, dem 17. September, fand dann auf der Pfingstweide bei Frankfurt eine großartige Volksversammlung statt. Fr. Kapp war einer der heftigsten Redner und erfand bei dieser Gelegenheit das geflügelte Wort: „es sei endlich an der Zeit Fractur zu schreiben." Die Parlamentsmajorität wurde nichts geringeres als des Vaterlandsverraths bezichtigt und eine geharnischte Adresse beschlossen, welche des folgendes Tags in großem Aufzug in der Paulskirche überreicht werden sollte. Es war wohl der geheime Plan der Revolutionäre, diese Ueberreichung in eine Ueberrumpelung und Zersprengung des Parlaments durch den Pöbel zu verwandeln. Schmerling und der Frankfurter Senat hatten dies jedoch vorausgesehen und in der Nacht ein preußisches und ein österreichisches Bataillon von Mainz zum Schutz der Paulskirche requirirt, welche gerade durch die Katharinenpforte rückten, als ich am 18. Sept. früh erwachte. Auch die Frankfurter Bürgergarde war aufgeboten worden; es fanden sich aber nur Ein Mann zu Fuß und Einer zu Pferde auf dem Liebfrauberg ein, während ich später unter dem aufständischen Pöbel verschiedene Uniformen dieses hochberühmten Corps wahrnahm, welches mit diesem Tage spurlos verduftete. Ich nahm baldmöglich meinen Platz auf der Tribüne der Paulskirche ein, deren Zugänge von den Truppen besetzt waren, die nur die Abgeordneten und mit Karten versehenen Zuhörer durchließen. Unter diesen Umständen vollzog sich die beabsichtigte Massenüberreichung der wuthschnaubenden Pfingstweider Adresse höchst gelinde; ich sah nämlich Freund Kapp in die Thüre hinter dem Präsidentensitz eintreten, wo er die Adresse einem Diener zur Beförderung übergab und dann wohlweislich verschwand. Er hielt sich sodann heimlich einige Wochen bei seinem zukünftigen Schwiegervater, dem General Engels in Köln, auf und entfloh demnächst nach Amerika, von wo er mehrere Jahrzehnte später als ein guter, ruhiger Bürger wieder nach Deutschland zurückkehrte. Bis in den Sitzungssaal hörte man das Toben und Brüllen der Menge; ja einen Augenblick durchbrachen sie sogar von der Sandgasse her das Spalier der Truppen und wollten in den Saal dringen, was mit Hilfe verschiedener Abgeordneten zurückgeschlagen wurde. Präsident Gagern, ganz Würde, ließ ruhig in der Tagesordnung über den Grundrechtparagraphen: „Die Wissenschaft und ihre Lehre ist frei" fortfahren, fand aber doch gegen Mittag für gut, die Sitzung zu schließen. In den Paulsplatz münden 5 enge Straßen, die mit Militär besetzt waren. Bis dicht an seine Linien hatte der Pöbel Barrikaden, allerdings sehr primitiver Natur, gebaut und verhöhnte das Militär, was dieses mit bewunderungswürdiger Ruhe hinnahm. Nach Schluß der Sitzung trieben aber die Truppen nunmehr den Pöbel zurück, und die Abtheilung, in deren Nähe ich mich hielt, besetzte den Liebfrauberg. Ueberall in der Stadt, insbesondere in den Gassen zwischen der Zeil und dem Mainufer, waren inzwischen Barrikaden entstanden, wozu auch die Meßbuden — es war gerade in der Zeit der damals so berühmten Frankfurter Messe — willkommenes Material lieferten. Ich stand gerade an der Ecke der Dönges- und Sandgasse — durch Zufall hatte sich auch Dr. Toegel zu mir gefunden —, als ganz in der Nähe die ersten Schüsse auf dem Liebfrauberg krachten. Das Militär drang nun gegen die Barrikaden in der Dönges- und Schnurgasse, und eine Abtheilung über den Römerberg nach dem Mainquai vor. Der letzteren Abtheilung, die, ohne übrigens ernstlichen Widerstand zu finden, mit einem Hurrah alle Barrikaden nahm und den Pöbel vor sich herjagte, schlossen wir uns dicht an, wobei mein Freund, der einen lahmen Fuß hatte, mehrmals zu Fall kam. Wir folgten dem Militär über den Mainquai bis zur Sachsenhauser Brücke; in das verbarrikadirte Centrum des Aufstandes, welches damals die Fahr-, Dönges-, Schnur- und Allerheiligengasse bildeten, konnte sich jedoch die kleine Abtheilung nicht wagen. In diesen Stadttheilen wurde den ganzen Nachmittag hindurch bis gegen 5 Uhr gekämpft. Toegel und ich durchwanderten nun die nicht insurgirten Stadttheile und gelangten schließlich auf die Zeil, deren unteren Theil bei der Constablerwache die Insurgenten, den oberen, nach der Hauptwache zu, die preußischen Truppen besetzt hielten. Aus den Fenstern und Straßenmündungen wurde auch hier gegenseitig, allerdings ohne viel Erfolg, gefeuert. Allmählich sammelte sich hier eine so große Zahl von Zuschauern, darunter selbst Damen, an, daß das Militärspalier sie kaum zurückzuhalten vermochte, bis in die Schußlinien vorzudringen. Nur, wenn von Zeit zu Zeit ein verwundeter Soldat zurückgebracht wurde, flößte dies eine Mahnung zur Vorsicht ein. Um diese Zeit, ungefähr gegen 5 Uhr Nachmittags, erschienen auf der Zeil einige Parlamentsmitglieder der Linken, darunter Hartmann, L. Simon, Schlöffel und allen voran der „Reichskanarienvogel" Rößler mit einem Stock, an dem sein Taschentuch flatterte; dieselben hatten von Schmerling einen kurzen Waffenstillstand erwirkt. Das Schießen hörte nun einstweilen auf und ich drang mit Toegel bis zu den sehr solid aufgebauten Barrikaden am unteren Ende der Zeil vor, welche die Schnur- und Allerheiligengasse sperrten. Da hörten wir plötzlich von der Hauptwache her das Ansprengen von Kavallerie und das Rasseln der Geschütze. Eine Batterie reitender Artillerie, eskortirt von einer Eskadron Cheveaux legers, war aus Darmstadt angekommen und raste die Zeil hinunter. Kaum hundert Schritt vor der großen Barrikade am Ende der Zeil, hinter welcher die später so übel durch Kartätschen zugerichtete Allerheiligenapotheke liegt, protzten die Geschütze ab, während die Reiter die Zeil von Zuschauern säuberten. Auf unserem Rückzug bei der Hauptwache angelangt, sahen wir hier den Fürsten Lychnowski vom Roßmarkt her zu Pferde herankommen,. sahen auch, wie er einen Augenblick beim Prinzen Felix von Hohenlohe anhielt, — derselbe erzählte uns später, wie er ihn dringend gewarnt habe, die Stadt zu verlassen —, dann aber, mit einer übermüthigen abweisenden Handbewegung sein Pferd in Galopp setzte und die Eschenheimer Gasse hinuntersprengte. Es war sein Todesritt; drei Stunden später theilte uns ein Bekannter, Herr von Rochau von der Allgemeinen Augsburger Zeitung, mit, daß er ermordet worden sei und den General von Auerswald wahrscheinlich ein gleiches Schicksal getroffen habe. Die Nachricht machte ungeheure Sensation. Um diese Zeit, gegen 7 Uhr abends, war der kurze Waffenstillstand abgelaufen, und nun begannen die Geschütze auf der Zeil zu feuern; Gleiches geschah bald darauf gegen die Barrikaden der Dönges- und Schnurgasse. Der letzte Kanonenschuß fiel 9 Uhr abends; bis dahin war auch die ganze Stadt von Insurgenten, die starken Verlust erlitten und nur kurze Zeit Widerstand geleistet hatten, gesäubert.

Bis Mitternacht trieben wir uns noch in dem Gewühl der Bürger und der fortwährend frisch einrückenden Truppen auf den Straßen und Plätzen umher, bis ich endlich, nach dem unendlich aufregenden Tag, todtmüde mein Lager aufsuchte, nicht ohne das befriedigende Gefühl, daß man sich endlich einmal ermannt habe, den Pöbelmassen Widerstand zu leisten, mit der geheimen Hoffnung zugleich, daß man mir, wie ich zu Toegel sagte, „meinen Duckwitz wieder auf die Ministerbank hinaufgeschossen hätte".

Die folgenden Tage, in welche auch der Struve'sche republikanische Putsch im badischen Oberland fiel, glich Frankfurt einem großen Feldlager. Preußen, Oesterreicher, Bayern, Württemberger, Hessen, Fußvolk, Reiterei, Artillerie rückten von allen Seiten ein, sodaß am 20. September die angesammelte Truppenmasse mindestens 15 000 Mann betrug, die in den milden Septembernächten meist auf offener Straße bivouakirten. Die halben Nächte brachten wir bei den auf allen Plätzen lodernden Wachtfeuern zu, mit den Officieren zechend und die Mannschaften regalirend. Es war eine unausgesetzte Aufführung von Wallensteins Lager.

Am Tage nach dem Aufstand machte ich auch einen Besuch im Heiligen-Geist-Hospital, wohin die Leichen der Barrikadenkämpfer gebracht worden waren. 31 nackte Leichname lagen dort in zwei Reihen geschichtet, meistens rohe, wüste Gesellen, vielfach mit wahren Galgenphysiognomien und oft schrecklich durch Kartätschenkugeln zerfleischt. Am folgenden Tage erfolgte dann das feierliche Leichenbegängniß des Fürsten Lychnowski, des Generals von Auerswald und der weiter gebliebenen 7 Officiere und Soldaten; es war eine erhebende Feierlichkeit, an welcher sich das ganze Parlament betheiligte.

Meine Hoffnung hatte mich nicht betrogen. Das nach der Sistirung des Waffenstillstandes von Malmö zurückgetretene Ministerium Schmerling trat wieder ins Amt, mit alleiniger Ausnahme von Mevissen, welcher resignirte, und an dessen Stelle Fallati aus Tübingen als Unterstaatssekretär ins Reichshandelsministerium eintrat.

Es war Ende September, als Duckwitz mich „zur Probe" in seinem Ministerium anstellte und, nach bestandener Probe, am 23. December 1848, meine Ernennung zum Reichsministerialsekretär mit 1500 Gulden (857 Thaler) Gehalt unterzeichnete, und damit einen neuen Abschnitt meines Lebens einleitete.

Das Reichshandelsministerium befand sich bei meinem Dienstantritt noch so recht in statu nascendi. Reichsminister Duckwitz, Unterstaatssekretär Fallati, ein Ministerialrath Schneider — früher Bremischer Consul und Kaufmann in Calcutta —, Ministerialrath Helferich — bis dahin, wie Fallati, Professor der Staatswissenschaften in Tübingen —, zwei commissarisch von Preußen und Sachsen entsandte Finanz- und Zollbeamte, ein gleich mir als Ministerialsekretär angestellter preußischer Regierungsreferendar, ein expedirender Sekretär, drei oder vier Kanzlei- und Registraturbeamte und, nicht zu vergessen, ein Portier und ein Bote, — das war das Gesammtpersonal des Reichshandelsministeriums, von dem sich Deutschland, in unbestimmtem Erwartungsdrang, so große Dinge versprach. Bei dem Fortbestehen des Zollvereins und des Hannover und Oldenburg umfassenden Steuervereins, konnte das Ministerium selbstverständlich noch keinerlei verwaltende Thätigkeit auf dem Gebiet der Zollpolitik und Volkswirthschaft ausüben; es handelte sich also nur um Vorbereitungen für Gesetze und Organisationen. Das von Duckwitz im Parlament vorgetragene kurze, mäßig schutzzöllnerische Programm war ziemlich farblos und vermochte auch in der That noch keine bestimmten Richtungslinien für Lösung der vorliegenden ungeheuren Aufgaben zu zeichnen. Erst nachdem die politischen Grundlagen für das geeinte Deutschland gewonnen und insbesondere Oesterreichs Beziehungen zum Reich festgestellt waren, konnte man ernstlich an seinen handelspolitischen Ausbau herantreten. In diesen Anfangs- und Entwickelungsschwierigkeiten ist denn auch das Ministerium Duckwitz stecken geblieben; der Stern der Centralgewalt und des Parlaments war bereits untergegangen, ehe es beim besten Willen möglich geworden war, auch nur eine einzige handelspolitische oder wirthschaftliche Vorlage in der Paulskirche einzubringen. Inzwischen waren aber außerhalb des Ministeriums der schon erwähnte Verein zum Schutz vaterländischer Arbeit, und ein von Hamburg aus inscenirter großer Freihandelsverein, rüstig bei der Arbeit, und befehdeten sich heftig mit ihren auf den entgegengesetzten Grundlagen aufgebauten Zolltarifen.

Ich wurde Anfangs dem Ministerialrath Helferich als Assistent zugewiesen, der in freundlichster Weise mich in der Beschaffung und Bearbeitung von Material für die künftigen deutschen Maaß-, Gewichts- und Münzgesetze und für den künftigen deutschen Zolltarif beschäftigte, in letzterer Beziehung mir so ziemlich die Wahl der Gegenstände überlassend, an denen ich arbeiten wollte. Ich warf mich insbesondere auf die Vorarbeiten für die Eisenzölle, einen der schwierigsten und von beiden handelspolitischen Parteien am heftigsten umstrittenen Abschnitte des künftigen

Tarifs. Schon nach wenigen Wochen ward ich jedoch auch zu einer anderen, für mich sehr interessanten und wichtigen Beschäftigung berufen, nämlich der Protokollführung in den Ministerialconferenzen. Es war hauptsächlich ein deutsches Flußschifffahrtsgesetz, welches Duckwitz zuerst ins Parlament zu bringen gedachte, und welches auch, bis zur Vorlage reif, durchgearbeitet worden ist. An den Conferenzen nahmen, außer dem Minister und Unterstaatssekretär, die von den Bundesstaaten entsandten bedeutendsten Techniker und Verwaltungsbeamten dieses Faches Theil. Als der einflußreichste und fähigste derselben erwies sich bald Generaldirector Klenze aus Hannover, derselbe, welcher sich drei Jahre später mit Delbrück ein Hauptverdienst um die Vereinigung des Zoll- und Steuervereins erworben hat, ein Mann von großer dialektischer Begabung und außerordentlich reichen Kenntnissen. Meine Protokollführung erwarb mir allseitige Anerkennung und die Mitglieder der Commission verkehrten sehr freundlich mit mir, besonders Klenze und der berühmte preußische Hydrotechniker, Geheimer Oberbaurath Hagen. Die mit beiden angeknüpfte Bekanntschaft setzte sich in meinen späteren Lebensstellungen fort. Auch brachte mich diese Thätigkeit meinem verehrten Chef Duckwitz persönlich immer näher, und ich wurde bald von ihm als officiöser Correspondent beschäftigt. Fast alle Artikel, in welchen damals in der Frankfurter Oberpostamtszeitung und den Bremer Zeitungen die Duckwitz'schen Absichten und Grundsätze gegen die freihändlerischen Hamburger Blätter vertheidigt wurden, stammten aus meiner Feder.

Ich trachtete zunächst neben meiner Stellung noch die Einnahmen aus meinen Correspondenzen beizubehalten und übergab sie Conto meta einem Berichterstatter, der sich später von einem Thüringer Duodezfürsten den Adel und den Legationsrathstitel erschwindelte und sogar zu dessen Geschäftsträger bei der Freien Stadt Frankfurt ernannt wurde. Ich mußte diese Verbindung aber bald aufgeben, da die Correspondenzen so schlecht waren, daß die Zeitung sie meist gar nicht aufnahm. Dieser Berichterstatter, Sohn eines Schuhflickers aus Braunschweig und Protegé einer hochgestellten Dame, ist übrigens dieselbe Persönlichkeit, welche einige Jahre später (siehe Poschingers Werk „Preußen im Bundestag" Band III, Seite 83) von Bismarck zum Gegenstand einer Beschwerde über die unangemessene diplomatische Vertretung mancher kleinen Bundesstaaten gemacht wurde.

Am 18. October gingen, als Folge des ersten Zusammenstoßes der preußischen und österreichischen Anschauungen im Parlament, das Präsidium des Reichsministeriums von Schmerling an Gagern, und der Vorsitz im Parlament von Letzterem auf Simson über. Die politischen Verhältnisse entwickelten sich von jetzt ab immer mehr in einer Weise, welche die Autorität des Parlaments und der Centralgewalt schwächte und dabei keinen Ausweg in dem Streit der großdeutschen, d. h. österreichischen, und kleindeutschen, d. h. preußischen Partei erblicken ließ. In Wien hatte Windischgrätz im October die gemüthliche Anarchie blutig niedergeworfen, am 8. November war Wrangel wieder in Berlin eingezogen und am 5. December wurde in Preußen die Nationalversammlung aufgelöst und eine Verfassung octroyirt. Alle diese Bewegungen stärkten das Selbstgefühl der Einzelstaaten und minderten im gleichen Maaße Ansehen und Einfluß des Parlaments.

Die Dinge entwickelten sich nun immer rascher. Am 13. Januar 1849 nahm das Parlament das Gagern'sche Programm an; hiernach sollte Preußen, trotz Oesterreichs Protest, die erbliche Oberhauptswürde des engeren Bundesstaats übertragen werden. Am 25. Januar ward ferner beschlossen, daß das Reichsoberhaupt den Titel „Kaiser der Deutschen" erhalten solle. Nun wogte lange Zeit im Parlament, im Volk und zwischen den Kabinetten der Kampf der Groß- und Kleindeutschen hin und her. Da octroyirte Oesterreich am 4. März die centralisirende, Ungarn einverleibende Verfassung von Kremsier, welche einem Theil der großdeutschen Partei so unvereinbar mit dem Ausbau der deutschen Verfassung erschien, daß dieselben sich mit einemmal, um das ganze deutsche Verfassungswerk nicht vollständig scheitern zu sehen, für die preußische Spitze erklärten. Es war am 12. März 1849, als Welker den Antrag im Parlament einbrachte, den König von Preußen zum deutschen Erbkaiser zu ernennen und die Verfassung in Bausch und Bogen anzunehmen; Oesterreich wurde hierdurch thatsächlich aus dem engeren Bundesstaat ausgeschlossen. Es ist characteristisch für die Illusionen, die wir uns damals alle noch über die Tragweite der Parlamentsbeschlüsse machten, daß wir diesen Antrag mit Jubel begrüßten, das deutsche Reich im Geiste schon begründet sahen. Der Antrag Welkers wurde allerdings am 21. März zuerst abgelehnt, dann aber, durch Concessionen an die Linke, am 27. März, wenn auch nur mit vier Stimmen Mehrheit, die Erblichkeit der Kaiserwürde durchgesetzt und Tags darauf Friedrich Wilhelm, König von Preußen, zum deutschen Kaiser gewählt. Allerdings ward erst zweiundzwanzig Jahre später in Versailles dieser Beschluß der deutschen Volksvertretung ratifizirt und vom Protokoll der Paulskirche in das Protokoll der Weltgeschichte übertragen.

Der 27. März, der Tag der Gründung des deutschen Erbkaisers, war zugleich der Tag der Begründung meines häuslichen Glücks, — mein Hochzeitstag. Als wir am folgenden Tag auf der Hochzeitsreise in Mülheim a. d. Ruhr eintrafen, läuteten alle Glocken und flaggten alle Schiffe zu Ehren des Königs von Preußen, als Kaiser von Deutschland. Wir nahmen es als glückverkündende Zeichen für des Vaterlands und unsere eigene Zukunft.

Auf dem Rückweg nach Frankfurt begegneten wir in Duisburg der Deputation, welche König Friedrich Wilhelm IV. die deutsche Kaiserkrone überbringen sollte, und die am Abend vorher in Cöln so schmählich von den Ultramontanen, welche lieber die Kaiserkrone bei Oesterreich gesehen hätten, empfangen worden war. Der liebenswürdige und geistreiche Führer der Deputation, Simson, hat mir in späteren Jahren, wo wir uns näher traten, alle Einzelheiten dieser, einen so verhängnißvollen Abschnitt in der Geschichte des deutschen Reichs bildenden Reise mitgetheilt; hoffentlich hält er dieselben der Nachwelt nicht vor. Am 2. April trafen wir wieder in Frankfurt ein. Inzwischen war auch Dr. Toegel, als Geschäftsführer des mehrgenannten großen Schutzzollvereins, definitiv aus Augsburg nach Frankfurt übergesiedelt und hatte seine schöne und liebenswürdige junge Frau mitgebracht. Ihr Verhältniß zu meiner Frau war bald das gleich herzliche, wie das Meinige zu ihrem Mann. Ein näherer Bekannter unserer Familien wurde auch der bekannte, durch seinen frischen Humor ausgezeichnete Schriftsteller Robert Heller, mit dem Toegel und ich bei Jacoby in der „schlimmen Mauer“ zu kneipen pflegten.

Es war eine glückliche Zeit, diese junge Ehe! Unser häusliches Glück ließen wir uns auch durchaus nicht durch die Verdüsterung des politischen Horizonts beeinträchtigen, obgleich meine amtliche Stellung sehr dadurch bedroht wurde. Von dem Augenblick ab, wo König Friedrich Wilhelm die deutsche Kaiserkrone ausgeschlagen und der Frankfurter Reichsverfassung am 21. April formell die Anerkennung versagt hatte, kam die Erkenntniß von der Ohnmacht des Parlaments immer mehr in den Augen aller nüchternen Politiker zum Durchbruch. Es wäre eine formale Spielerei gewesen, wenn die Reichsministerien ihre Thätigkeit in Vorbereitung von Reichsgesetzen in der bisherigen Weise fortgesetzt hätten, und so wurden auch im Reichshandelsministerium alle Vorarbeiten für die künftige volkswirthschaftliche Gesetzgebung eingestellt. Am 10. Mai 1849 trat Gagern mit sämmtlichen Collegen zurück. Es war dies ein großer Verlust für mich, der aber noch schwerer geworden wäre, wenn Duckwitz sich meiner nicht in der liebenswürdigsten Weise angenommen hätte. Als ich nämlich Abschied von ihm nahm, sagte er mir, daß mit dem Reichsverweser die Verabredung getroffen sei, alle gesetzgeberischen Vorarbeiten u. s. w. einzustellen, daß jedoch der Rahmen der Reichsministerien mit einem kleinen, auf Erledigung laufender Geschäfte und Abschluß verschiedener begonnener Arbeiten beschränkten Personal beibehalten werden solle, bis eine definitive Gestaltung der Centralgewalt erreicht sei; Duckwitz setzte damals nämlich noch Hoffnungen auf einen Erfolg der von Preußen in die Hand genommenen Einigungsbestrebungen. Für sein Ministerium habe er zu diesem Behuf den Ministerialrath Schneider und einige Subalternbeamte empfohlen. Als ich ihm nun die Verlegenheit schilderte, in welche mich eine plötzliche Entlassung, ehe ich eine anderweite Stellung gefunden, bringen würde, ließ er sich das bereits in der Kanzlei befindliche Concept seiner Vorschläge zurückgeben, und fügte meinen Namen noch dem des Herrn Schneider bei. Dankbaren Herzens und traurig zugleich schied ich von meinem verehrten Chef, um ihn etwa 10 Jahre später in seiner Vaterstadt Bremen wiederzusehen, wo er sein persönliches Wohlwollen gegen mich wiederum in wichtigen geschäftlichen Angelegenheiten bis zu seinem Tode bewährte. In seinen 1877 veröffentlichten „Denkwürdigkeiten" hat er meiner geringfügigen Wirksamkeit im Reichsministerium in liebenswürdiger Weise gedacht. Auch von dem Unterstaatssekretär Fallati nahm ich bewegten Abschied und blieb mit ihm bis zu seinem, leider schon nach wenigen Jahren erfolgenden Tode, in sehr anregender Correspondenz.

Der Reichsverweser ernannte zu Nachfolgern des doch unstreitig aus bedeutenden und patriotischen Männern zusammengesetzt gewesenen Ministeriums Gagern ein Collegium von Nullitäten und Intriganten, welches einem Hohn auf das ganze deutsche Einigungswerk gleichkam, Männer, wie Graevell, Detmold, Merk, Jochmus u. s. w. Noch erinnere ich mich lebhaft der peinlichen Scene, als der alte Graevell, dessen Manie, zahllose Amendements zu stellen, ihn längst zu einer lächerlichen Person des Parlaments gestempelt hatte, die Paulskirche betrat und unter allgemeinem Gelächter hin und her schwankte, um sich einen Platz zu suchen. Er schied dann auch bald unter dem Eindruck dieser Demüthigung aus dem Reichsministerium wieder aus. Die Seele des neuen Ministeriums und seine einzige geistige

Kraft war Detmold, der frivole hannoversche Advokat, der die Parlamentsaufgaben nur als Witzesübung betrieb und erst kurz vorher die „Thaten und Meinungen des Herrn Piepmeier" veröffentlicht hatte, die das Parlament und insbesondere die Bestrebungen der preußischen Partei verhöhnten. Detmold wurde nun mein Chef, während er auf seinem Höcker — er war von Figur sehr klein und sehr bucklig — noch zwei weitere Ministerien, des Inneren und der Justiz, mit Leichtigkeit trug. Den größten Skandal bot aber die Ernennung des ehemals türkischen Generals und Pascha's Jochmus zum deutschen Marineminister.

Ich selbst bin nie mit meinem Chef oder einem anderen Mitglied dieses Intriguen-Ministeriums in persönliche Berührung gekommen, noch hat man von meiner Beschäftigung die mindeste Notiz genommen, oder meine Dienste beansprucht. Mein erster selbstherrlicher Act war, mich in das prächtige, nach vorn gelegene Zimmer einzuquartieren, welches der Unterstaatssekretär Fallati inne gehabt hatte und das nur durch eine Thür von dem Empfangs- und Arbeitssalon des Generals Jochmus getrennt war. Derselbe erschien übrigens dort sehr selten und brachte alsdann seine Zeit nur mit Umherrennen im Zimmer, mit Singen und Pfeifen zu.

Die Geschichte ging unterdessen ihren Gang. Nachdem Oesterreich schon gleich nach der Wahl des preußischen Erbkaisers seine Abgeordneten aus dem Parlament abberufen hatte, folgte Preußen am 14. Mai 1849, vier Tage nach Einsetzung des Ministeriums Detmold, mit der gleichen Maßregel. Auch die der gemäßigten Richtung angehörigen, anfangs zurückgebliebenen Abgeordneten traten am 21. Mai und an den folgenden Tagen aus. Der

Rest, die Illusionen der souveränen Nationalversammlung festhaltend, beschloß am 30. Mai nach Stuttgart überzusiedeln und eröffnete dort am 6. Juni seine Sitzungen mit Wahl einer Reichsregentschaft. Am 18. Juni, genau 13 Monate nach der Eröffnung in Frankfurt, ward dieses Rumpfparlament von der württembergischen Regierung gesprengt, und in einem letzten ohnmächtigen Protest erstarben die Einheitsbestrebungen, welche der Enthusiasmus einer großen Nation gezeitigt, aber nicht zu verkörpern verstanden hatte. Siebzehn Jahre später erweckten sie König Wilhelm, sein treues Heer und sein großer Kanzler zu neuem Leben, und das Frankfurter Parlament ist, als Vorstufe zur deutschen Einheit, in der Geschichte wieder zu Ehren gekommen.

Zu gleicher Zeit mit der Auflösung des Parlamentes schritt Preußen, unter schwächlicher Betheiligung der Centralgewalt, zur Niederwerfung des in Baden und der Pfalz ausgebrochenen republikanischen Aufstandes, dem sich auch der größte Theil der badischen Truppen angeschlossen hatte. Am 21. Juni wurden die Insurgenten bei Waghäusel geschlagen, am 25. Karlsruhe und demnächst das ganze Land bis zur Schweizer Grenze besetzt. Am 23. Juli kapitulirte Rastatt.

Bei den preußischen Truppen, unter Führung des damaligen Prinzen Wilhelm, befand sich auch das Iserlohner Landwehrbataillon, welches in einem Gefecht bei Durlach ziemlich stark mitgenommen wurde. Ein Verwandter meiner Frau ward dabei getötet, und ein Vetter, mein alter Freund Julius Ebbinghaus, verwundet. Nach den ersten Meldungen glaubten wir an eine schwere Verwundung und ich reiste deshalb durch das vielfach die Spuren des Kampfes tragende Land nach Karlsruhe, um ihn zur Pflege nach Frankfurt zu geleiten. Glücklicherweise war die Verwundung eine sehr leichte und ich fand ihn in fröhlichster Stimmung, zusammen mit den meisten, ebenfalls erholungsbedürftigen Offizieren seines Bataillons, von denen einer bei Tische im Zähringer Hof einen fröhlichen Toast „auf unsere Krankheiten und Wunden" ausbrachte.

In meinem Bureau führte ich seit Duckwitz' Abgang ein gemüthliches Stillleben. Ich war zuletzt beauftragt worden, Materialien für ein Reichsgesetz über Erfindungspatente zu sammeln. Es war dies ein Thema, welches mir von den Erfindungen und Patentgesuchen meines Vaters und den von mir selbst in diesen Angelegenheiten unternommenen Schritten in England und Frankreich her sehr geläufig war. Ich stellte mir nun selbst die Aufgabe, ein solches Reichspatentgesetz zu entwerfen, eine Arbeit, die mich lange beschäftigte und sehr interessirte. Sein Inhalt kam ungefähr auf das hinaus, was gegenwärtig in Deutschland Geltung erlangt hat. Die dazu verfaßten Motive füllten über 40 Bogen und gaben den zurückgebliebenen Kanzlisten eine wohlthuende Beschäftigung. Weiter hat es keinen Zweck gehabt. Im Uebrigen aber habe ich die von Duckwitz' Rücktritt ab noch über 1½ Jahre andauernde amtliche Stellung gewissenhaft benutzt, um mich mit Hilfe der Bibliothek des Ministeriums in der Nationalökonomie und Handelspolitik gründlich auszubilden. Dieselbe Tendenz verfolgte ich auch in der fortwährend mit Dr. Tögel, den industriellen Vereinen und ihren leitenden Persönlichkeiten unterhaltenen Verbindung.

Es war im Juli dieses Jahres, als ich in Erfahrung brachte, daß „Excellenz Detmold" einen Frankfurter

Gewerbeverständigen, Herrn Wagner, zu der eben eröffneten französischen Industrie-Ausstellung, der umfangreichsten und glänzendsten, welche bis dahin in Europa stattgefunden, behufs Berichterstattung entsandt habe. Dies brachte mich auf den vernünftigen Gedanken, mich in gleicher Eigenschaft nach Paris senden zu lassen. Ich durfte mich dazu durch meine vierzehnjährige industrielle und kaufmännische Thätigkeit, und insbesondere auch durch die Reisen in England und Frankreich für befähigt halten, die ich in den Jahren 1845 und 1846, auf Kosten des preußischen Finanzministeriums, unternommen hatte. Ministerialrath Schneider war so liebenswürdig, meinen Wunsch, als seinen Vorschlag, bei Detmold anzubringen und ihm gleichzeitig schon im Concept eine ausführliche Instruktion für mich vorzulegen. Da Detmold schon durch die Entsendung Wagners Deutschland ein, wenn auch bescheidenes Zeichen seiner Fürsorge für Industrie und Volkswohlfahrt gegeben hatte, so willigte er in diese Verdoppelung der Reichsfürsorge ein. Ich kam mir selbst in der Rolle des Delegirten einer chimärischen deutschen Centralgewalt etwas komisch vor; allein ich unterdrückte diese ästhetischen Bedenken und urtheilte mit Recht, daß diese Mission jedenfalls *mir* Nutzen bringen müsse, wenn auch der Erfolg für das deutsche Reich vielleicht zweifelhaft sei.*)

Versehen mit einem Ministerialpaß: „Jean, Archiduc

---

*) Meine deßfallsigen Erwartungen sollten sich auch erfüllen, indem ich in Folge dieser Mission im Jahre 1851 zum Mitglied der Zollvereins-Kommission bei der ersten Londoner Weltausstellung von 1851, und später im Jahre 1854 zum Jurymitglied der Münchener Industrie-Ausstellung gewählt wurde.

d'Autriche, Vicaire de l'empire germanique, requérons etc." und der vom 25. Juli datirten ausführlichen Instruktion, reiste ich zuerst nach Gent, wo eben eine belgische Industrieausstellung eröffnet worden war. Ich blieb dort aber nur einige Tage, weil die Ausstellung wenig Bedeutendes bot, auch plötzlich die Cholera mit äußerster Heftigkeit auftrat. In Paris angekommen, wo Louis Napoleon damals Präsident der Republik spielte, suchte ich zuerst den badischen Gesandten, Herrn von Schweizer auf, an den ich gewiesen war. Frankreich hatte nämlich, ohne gerade feindselig gegen das deutsche Reich aufzutreten, doch den früher von der Centralgewalt entsandten Herrn von Raumer nicht als Gesandten Deutschlands anerkennen wollen, weil der Bundestag noch nicht durch eine definitiv construirte Macht ersetzt sei. Erzherzog Johann übertrug hierauf dem badischen Gesandten die Repräsentation der deutschen Centralgewalt, ein Veilchen, das im eigentlichen Sinne des Wortes nur im Verborgenen geblüht hat. Herr von Schweizer versah mich sofort mit einem Einführungsschreiben an Mr. Dieu, Chef des Executivcomités der Ausstellung. Ich wurde von ihm mit echt französischer Höflichkeit empfangen, und beauftragte er sofort einen Sekretär mit der Ausfertigung der betreffenden Karten, Passirscheine u. s. w. Nachdem er mir dieselben behändigt und ich mich empfohlen hatte, warf ich auf dem Corridor einen Blick in die Papiere und fand mich darin zu meinem Erstaunen als „Delegué d'Autriche" bezeichnet. Ich kehrte sofort in das Cabinet von Mr. Dieu zurück und machte ihn auf den Irrthum aufmerksam, da ich „Delegué de l'empire germanique" sei. „Mon cher Monsieur", sagte Mr. Dieu mit feinem Lächeln, „ne m'en voulez pas; je croyais agir dans votre interêt, parce qu'il se pourrait, que les Gardiens de l'exposition ne sussent pas, ce que c'est que l'empire germanique". Ich fühlte tief im Innern die in mir dem ganzen deutschen Reich zugefügte Beleidigung; allein, da sie nicht zu einer Kriegserklärung angethan und ich auch zu einer solchen nicht ermächtigt war, verschluckte ich die völkerrechtliche Pille und ging als österreichischer Delegirter ein und aus. Ich arbeitete sehr fleißig, sah übrigens diesmal auch etwas mehr von Paris, als bei meinem früheren Aufenthalte im Jahre 1846, wo ich noch jeden Groschen umdrehen mußte. Gegen Schluß meines Aufenthaltes erhielt ich noch einen Auftrag vom Reichshandelsministerium, der in der That in einem noch komischeren Gegensatze zu der politischen Lage des Reichs stand, als meine Mission überhaupt. Man beauftragte mich nämlich, mit einem Herrn Melsens Verbindungen anzuknüpfen, der eine bedeutende, für Deutschland wichtige Verbesserung in der Rübenzuckerfabrikation erfunden haben solle. Ich erfüllte diesen Auftrag auf dem Rückweg, indem ich die betreffende Persönlichkeit in einer Rübenzuckerfabrik in der Nähe von Brüssel aufsuchte. Das deutsche Reich hat jedoch keinen Nutzen aus dieser großmüthigen Absicht des dreifältigen Reichsministers Detmold gezogen; es war nichts mit der Erfindung. Ich befand mich dabei übrigens in sehr leidendem Zustand, da ich von Paris mit allen Anzeichen der dort stark grassirenden Cholera abgereist war. Meine gute Natur und eine selbst ordinirte gewaltige Dosis Opium halfen mir jedoch über den Krankheitsfall weg, und in Coblenz begrüßte ich den folgenden Tag meine mir dorthin entgegengereiste Gattin.

Nach Frankfurt zurückgekehrt, arbeitete ich zunächst meinen Bericht über die Ausstellung aus, den Herr Ministerialrath Schneider Detmold überreichte — derselbe erschien auch im Buchhandel —, und zugleich, wozu ich bescheiden selbst den Anstoß gegeben, eine Rangerhöhung für mich beantragte. Es war mir nämlich, und sicherlich mit Recht, sehr darum zu thun, durch meinen Sekretärtitel bei einer etwaigen zukünftigen Centralbehörde, oder dem Uebergang in Staatsdienste, nicht etwa dem Subalternpersonal zugerechnet zu werden.

In der That erhielt ich bald darauf mein von Detmold unterfertigtes Patent als „Reichsministerial-Assessor", das einzige Exemplar dieser Species, welches die deutsche Centralgewalt gezüchtet hat. Eine Gehaltserhöhung ward hiermit allerdings nicht verbunden; denn die Reichsministerien, da die meisten Bundesstaaten keine Matricularbeiträge mehr zahlten, befanden sich stets in der größten Geldklemme, welche das Finanzgenie Merck's nur dadurch mühsam zu beseitigen wußte, daß er einen ehemaligen Abgeordneten der Paulskirche gegen Provisionsvergütung bei den Staaten herumschickte, um Beiträge zu erbetteln.

Im früheren Geleise weiter arbeitend, war allmählich die im österreichischen Interesse vom Reichsverweser und Detmold festgehaltene Form der Reichsministerien fast zur Posse geworden. Im Handelsministerium nahm Ministerialrath Schneider im Herbst 1849 seinen Abschied und ging in eine kaufmännische Stellung nach Bremen zurück. Der expedirende Sekretär fing in Ruhrort einen Kohlenhandel an, und von den Kanzlisten wurde einer anderweit durch den unermüdlichen Marinerath Jordan beschäftigt. Selbstverständlich hatten sich die preußischen und sächsischen

Commissare, ferner Professor Helferich, und auch mein College, der Regierungsreferendar, schon gleichzeitig mit Duckwitz entfernt. So sah ich mich denn von Ende November ab an der Spitze des gesammten Beamtenpersonals des deutschen Reichshandelsministeriums, das außer mir nur noch aus einem Kanzleibeamten, einem Schreiber, und — nicht zu vergessen — einem Portier bestand. Dieser Portier, der allmählich auf seinem Posten so fett geworden war, daß er kaum mehr aus den Augen sehen konnte, und dessen amtliche Beschäftigung hauptsächlich nur noch darin bestand, zweimal täglich bei meinem Kommen die Thüre aufzureißen, verursachte indeß beim Eintritt des Winters eine große Beunruhigung im Reichsministerium. So lange Duckwitz das Handels- und Marineministerium zugleich verwaltete, die im ersten und zweiten Stock desselben Gebäudes untergebracht waren, hatte der Portier, obgleich vom Handelsministerium salarirt, zugleich die Oefen des Marineministeriums heizen müssen. Nun wurde er aber auf den Etat letzteren Ministeriums übernommen und weigerte sich entschieden, ferner die Oefen seines früheren Ressorts zu besorgen. Ziemlich acht Tage lang mußte ich wegen grimmiger Kälte den Besuch meines Bureaus gänzlich einstellen; dann schlossen, nach sehr gereizter Correspondenz zwischen den beiden „hohen Ministerien", Excellenz Detmold und Excellenz Jochmus einen denkwürdigen Frieden, und der dicke Portier mußte zu seinem großen Verdruß wieder beide Ministerien beheizen, — ein kleines Satyrspiel, welches auf ein weltgeschichtliches Drama folgte.

Während dieses idyllischen Beamtenlebens war vom Mai ab das ganze Jahr mit fruchtlosen Verhandlungen zwischen Preußen, den vier Königreichen und Oesterreich bezüglich der künftigen Gestaltung des deutschen Reichs dahingegangen. Der Vorsprung, den Preußen durch das Bündniß vom 26. Mai mit Sachsen und Hannover behufs Gründung eines engeren Bundesstaats unter seiner Führung erreicht zu haben schien, führte zu keinen definitiven Gestaltungen, indem Oesterreichs Intriguen den Beitritt der übrigen Bundesstaaten hinderten, sogar den thatsächlichen Rücktritt der beiden anderen Bündnißmächte bewirkten*). Seit Oesterreich mit Sardinien Frieden geschlossen, im August die ungarische Revolution mit Rußlands Hilfe niedergeworfen und damit freiere Hand gewonnen hatte, warf sich Schwarzenberg nun um so kräftiger auf die Behauptung der österreichischen Stellung in Deutschland, und die übrigen deutschen Fürsten neigten sich fast ausnahmslos auf seine Seite, da sie wohl von Preußen, aber nicht von Oesterreich mediatisirt zu werden fürchteten. Dem zur Posse gewordenen Zustand in Frankfurt, mit seiner formell fortbestehenden Centralgewalt achtundvierziger Ursprungs, sollte indeß jedenfalls ein Ende gemacht werden, was auch Erzherzog Johann selbst dringend wünschte. So einigten sich denn Preußen und Oesterreich am 30. September 1849 über ein sogenanntes Interim, wonach eine von beiden Mächten eingesetzte Commission die Verwaltung der deutschen Bundesangelegenheiten bis zu deren definitiver Ordnung übernehmen sollte. Die Verhandlungen zwischen beiden Mächten und den Bundesstaaten über formale und materielle Einzelfragen nahmen indeß noch fast drei Mo-

*) Moltke sagt hierüber in einem Briefe an seinen Bruder Adolf vom 15. Januar 1850: „Dem Dreikönigsbündniß fehlen mindestens zwei Könige".

nate in Anspruch, so daß die Interims-Bundescommission, die preußischerseits mit General von Peucker und Oberpräsident von Böttcher, und österreichischerseits mit General Schönhals und Baron Kübeck besetzt wurde, erst am 20. December 1849 in Thätigkeit trat und dem Reichsverweser und seinen Trabanten die lächerliche Last der Regierung eines Schattenreichs abnahm. Erzherzog Johann, von der Schwäche des Königs von Preußen unterstützt, hatte aber seine österreichische Intrigue glücklich durchgeführt und reiste nun am Neujahrstag 1850 ab. Mit welchen ganz anderen Gefühlen hatte ihn Frankfurt am 11. Juli 1848 einziehen sehen!

Am Tage nach Einsetzung der Interims-Commission erschien in meinem Bureau, als Beauftragter der Interims-Commission, der oberste österreichische Bundesbeamte, Ritter Nell von Nellenburg, dem ich, als oberster Beamter, das Reichshandelsministerium ohne weitere Förmlichkeiten in Bausch und Bogen überlieferte. Ich erinnere mich dabei noch, wie wir bei Besichtigung der einzelnen Räumlichkeiten das Zimmer des früheren Ministerialraths Schneider in einen Eissee verwandelt fanden. Im oberen Stock hatte nämlich das Marineministerium, als Verwalter der später, im Jahre 1852, subhastirten Flotte, eine lithographische Presse in Thätigkeit gehalten, welche die Reglements und sonstigen Verwaltungs-Scherze des Marineraths Jordan vervielfältigte. Das Abflußrohr dieser Räumlichkeit war vor geraumer Zeit geplatzt und aus Sparsamkeitsrücksichten nicht reparirt worden, worauf sich dann die Abwässer nach dem gedachten Zimmer einen Abfluß suchten und bei eintretender Winterkälte in Eis verwandelten. Trübsinnig verließ ich an jenem Tage das Ministerialhotel in der

Eschenheimer Gasse, in welches ich, kaum fünfviertel Jahre vorher, mit so stolzen Hoffnungen eingezogen war. Sogar der dicke Portier trauerte.

Die erwartete sofortige Entlassung aus meiner Stellung trat zu meiner Ueberraschung nicht ein. Man war übereingekommen, die ohnedies so stark zusammengeschmolzene Zahl von Beamten vorläufig beizubehalten, und Preußen hatte um so weniger Ursache auf deren Reducirung zu dringen, als es damit auch den letzten schwachen Rest von Landesangehörigen und zuverlässigen Anhängern aus dem Bundesdienst entfernt haben würde. Um diese Zeit begann sich auch die Scheidung der Anhänger Preußens und Oesterreichs nicht bloß unter den Beamten bis zum letzten Schreiber herab, sondern auch in der Bürgerschaft und dem öffentlichen Leben immer schroffer auszubilden. Wir Preußen waren dabei in verschwindender Minorität; Frankfurt insbesondere, einige vornehme Familien ausgenommen, lag ganz zu den Füßen Oesterreichs, und ich habe es sehr wohl nachfühlen können, wie sich wenige Jahre nachher, als Bismarck Bundestagsgesandter geworden, bei ihm eine förmliche Animosität gegen diese Stadt entwickeln konnte, welche ihre Haltung im Jahre 1866 schwer hat büßen müssen.

Mein schönes Bureau mußte ich räumen; im Uebrigen aber blieb ich, fast noch ein ganzes Jahr lang, von der Interimsbehörde vollständig unbehelligt. Man nahm von mir, sowie von den wenigen Beamten gleicher Kategorie aus den anderen Ministerien, absolut keine Notiz, und, wie unter dem Ministerium Detmold, bestand auch mein ganzer geschäftlicher und amtlicher Zusammenhang mit der Interimscommission lediglich in dem Austausch von

Gehalt und Quittung am Schluß jeden Monats. In stiller Bescheidenheit gab ich auch keinerlei Anlaß, an meine Existenz zu erinnern, und so konnte ich die vollkommen freie Zeit zur gewissenhaften Fortsetzung von Studien benutzen, die mir später im Leben von größtem Nutzen geworden sind. Inzwischen unterhielt ich auch meine persönlichen Verbindungen mit den hervorragendsten Industriellen, wenn auch die Bedeutung des Vereins zum Schutz vaterländischer Arbeit sehr verblaßt war. Auch correspondirte ich mit den Zeitungen weiter, für welche ich unter Duckwitz offiziöse Artikel geschrieben hatte.

So verlebten meine junge Frau und ich still, aber froh, unser erstes Weihnachtsfest, zusammen mit der aufs innigste befreundeten Familie Toegel. Bald darauf, am 4. Januar 1850, ward unser eheliches Glück durch die Geburt eines Jungen gekrönt, und wir bereiteten uns schon auf eine fröhliche Taufe vor, die gegen Ende Februar stattfinden sollte, als plötzlich eine Aufgabe an mich herantrat, welche uns veranlaßte, diesen Act zu beschleunigen. Sie betraf das Anerbieten des diplomatischen Vertreters bei der schweizerischen Eidgenossenschaft und dem Würtembergischen Hofe, des Gesandten von Sydow, wegen Uebernahme einer politischen und handelspolitischen Mission nach der Schweiz.

Ich muß hier etwas ausholen, um die Sachlage zu skizziren, welche zu jenem Antrag führte. Die Schweiz war bekanntlich durch den Wiener Congreß im Jahre 1815 mit einer Verfassung beglückt worden, wodurch die centralisirende Napoleonische Mediationsacte vom Jahre 1803 beseitigt und die alte Kantonalsouveränität, mit ihrer ganzen Misère der brutalen Herrschaft der Landvögte aus den alten Adelsfamilien, in allem Wesentlichen wieder hergestellt wurde. Das einzige centrale Band der 22 Kantone bildete die ohnmächtige „Tagsatzung", ein würdiges Seitenstück zu dem aus derselben Metternich'schen Werkstatt hervorgegangenen deutschen Bundestag. Diese Verfassung und ihre Handhabung durch aristokratisch organisirte Kantonalregierungen, unter denen sich besonders das Regiment der Berner Junker durch seine Schroffheit auszeichnete, hielt nicht bloß jede freiheitliche, sondern auch jede materielle Entwickelung nieder. Es konnte daher nicht ausbleiben, daß der Drang, diese elende Bundesverfassung zu beseitigen oder mindestens zu reformiren, sich immer allgemeiner geltend machte und schließlich, nachdem in der Jesuitenfrage noch die religiöse Spannung hinzugetreten war, im Jahr 1847 zu dem Sonderbundskrieg führte, in welchem die ultramontane Partei der Urkantone und Freiburgs durch die liberale Mehrheit der Tagsatzung besiegt wurde. Die Frage der Verfassungsrevision blieb jedoch noch in der Schwebe, bis zu dem Zeitpunkt, wo im Februar 1848 von Paris die ganz Europa erschütternde Völkerbewegung ausging. Mit außerordentlichem Geschick und großer Mäßigung benutzte die Schweiz diese Sachlage, welche die durch ihre inneren Sorgen von solchen äußeren Fragen abgelenkten Großmächte verhinderte, gewaltsam zu Gunsten der völkerrechtlichen Verträge von 1815 zu interveniren, und nahm durch Volksabstimmung bereits am 27. Juni eine neue Verfassung an, welche die im Februar niedergesetzte Bundesrevisionscommission ausgearbeitet hatte; dieselbe wurde am 12. September 1848 verkündigt und in Kraft gesetzt.

Wenn nun auch in dieser aufgeregten Zeit, wo der

Absolutismus am tiefsten darniederlag, ein energischer Einspruch der Congreßmächte gegen diese formale Verletzung der Wiener Congreßbeschlüsse nicht eintrat, so spielte doch in diese erfreuliche politische Neugestaltung der Schweiz ein Ereigniß hinein, welches Conflicte anderer Art heraufbeschwor. Es war dies der, hauptsächlich durch Zuzug aus anderen Kantonen, ins Werk gesetzte Aufstand vom 1. März 1848 in Neuchâtel, wodurch die seit 1707 bestehende Souveränität der Könige von Preußen, also die durch den Wiener Congreß sanctionirte Zwitterstellung des Kantons als preußisches Fürstenthum und zugleich als Mitglied der Eidgenossenschaft, gewaltsam beseitigt und die republikanische Regierungsform eingeführt wurde. Die neue Bundesverfassung vom 12. September nahm diesen Vorgang als fait accompli hin, sodaß nunmehr die neue Ordnung der Dinge in Neuchâtel thatsächlich unter den Schutz des Bundes gestellt war, also auch ohne Abänderung der Bundesverfassung der frühere Zustand in Neuchâtel nicht wieder hergestellt werden konnte, selbst wenn die Bundesbehörden damit einverstanden gewesen wären. Ebenso sanctionirte die Bundesbehörde, trotz Preußens Protest, den Verkauf der fürstlichen Domanial- und Kirchengüter.

Dieser Neuchâteler Vorgang brachte also die preußische Regierung, oder vielmehr den König von Preußen, in eine Lage der schweizerischen Eidgenossenschaft gegenüber, welche wesentlich verschieden von der Stellung war, welche die anderen Großmächte zu der Bundesverfassung von 1848 einnahmen. Die letzteren sahen darin nur eine allgemeine Verletzung völkerrechtlicher Verträge, welche man im politischen Leben, namentlich, wenn die Verhältnisse dazu angethan sind, leichter hinnimmt, als einen speciellen Eingriff in unzweifelhafte Partikularrechte. So unbedeutend nun auch der Abfall Neuchâtels vom Standpunkt des preußischen Staatswesens erscheinen mußte, mit dem es doch nur in der Person des Monarchen zusammenhing, so schwer empfand ihn König Friedrich Wilhelm IV. persönlich. Man sagt, daß die Schmach des 19. März leichter von ihm verwunden worden sei, als der Verlust Neuchâtels. Die am Berliner Hofe höchst einflußreichen Mitglieder des Neuchâteler Adels, und die unablässigen Klagen aus dem Kanton über Unterdrückung durch die neuen Machthaber, schürten unablässig die Bitterkeit des Königs, der sich aber durch die inneren Wirren und die Streitigkeiten mit Oesterreich außer Stand sah, den diplomatischen Reclamationen beim schweizerischen Bundesrath auf Wiedereinführung in seine Rechte, durch Waffengewalt Nachdruck zu geben, um so weniger, als er, zur Zeit wenigstens, von den anderen Großmächten keine aufrichtige Unterstützung, oder gar Beihilfe, erwarten konnte. Es blieb also nichts anders übrig, als zu temporisiren, eine günstige Gelegenheit zur Geltendmachung seiner Rechte abzuwarten, und die dem König treu gebliebenen Neuchâteler — deren Zahl man, nebenbei gesagt, in Berlin bedeutend überschätzte — zu geduldigem Ausharren zu ermahnen. Diese Aufgaben des Hinziehens und Beschwichtigens fielen in erster Linie dem preußischen Gesandten in Bern, Herrn von Sydow, zu; sie widerstrebten aber dessen persönlichen Gefühlen und Auffassungen der politischen Lage dergestalt, daß er unausgesetzt alles Mögliche versuchte, eine sofortige und, wenn nöthig, gewaltsame Geltendmachung der Rechte der preußischen Krone herbeizuführen. Er richtete zu diesem Ende am 22. Juni 1849, über den Kopf des Ministers der auswärtigen Angelegenheiten hinweg, eine Immediateingabe an den König, worin er auf das Entschiedenste dahin drängte, daß Preußen, nachdem der badische Aufstand niedergeworfen sei, die Anwesenheit der preußischen Truppen an der Schweizer Grenze zur sofortigen Lösung der Neuchâteler Frage und vollständigen Wiederherstellung der königlichen Autorität benutzen solle. Er schlug zunächst „eine Grenzsperre von Basel bis Bregenz vor, welche Oesterreich bis zum Lago maggiore vervollständigen sollte; wenn dies binnen kurzer Frist nicht zu dem Ziele führe, daß die schweizerische Bundesgewalt selbst den Status quo ante wiederherstelle, so sollten die preußischen Truppen ungesäumt die Grenze überschreiten und Neuchâtel occupiren." Herr von Sydow war der Ansicht, daß hierin keine Verletzung der vom Wiener Congreß proclamirten Neutralität der Schweiz zu erblicken sei, auch die übrigen Großmächte Preußen bei dieser gewaltsamen Geltendmachung seiner Rechte unterstützen, keinesfalls hindern würden.

Diese Eingabe war allerdings ganz dazu angethan, auf den König Eindruck zu machen, sowohl durch die Erörterung des historischen Rechts und den Hinweis auf die einem großen Staate durch eine „Aufrührerbande" angethane und bisher ungesühnte Schmach, als durch die Schilderung der Leiden der königstreuen Neuchâteller und ihrer gerechten Ansprüche auf Hilfe und Erlösung. Aus zuverlässigen Quellen habe ich später erfahren, daß der König in der That um diese Zeit stark ins Schwanken gerathen sei. Jedoch war schließlich seine Gewissenhaftigkeit zu groß, um für Kroninteressen, die doch bei Neuchâtel allein auf dem Spiel standen, das Blut seiner Landeskinder zu opfern und vielleicht einen europäischen Krieg zu entzünden; auch war die Täuschung, der sich Herr von Sydow bezüglich der Haltung der anderen Großmächte hingab, gar zu augenfällig. Denn von Oesterreich, mit dem Preußen gerade um die Hegemonie in Deutschland im erbittertsten Streit lag, eine thatkräftige Unterstützung zu Gunsten spezifisch preußischer Ansprüche zu erhoffen, war ebenso chimärisch, als auf der anderen Seite von Frankreich nur der kräftigste Protest gegen Gewaltmaßregeln Preußens zu erwarten stand, und England sich schon vom Sonderbundskrieg her offen auf Seite der Schweiz gestellt, ja gleichsam bei der neuen Bundesverfassung Gevatter gestanden hatte. Diese Erwägungen schlugen in Berlin durch, und — allerdings erst nach mehrwöchentlichem Ueberlegen und Schwanken — erhielt Herr von Sydow eine vom 20. Juli datirte, vom Ministerpräsidenten Grafen Brandenburg unterzeichnete Antwort auf die Immediateingabe vom 22. Juni, welche mit Rücksicht auf die richtiger gewürdigte allgemeine politische Lage und auf das Mißverhältniß des Interesses an Neuchâtel und der durch gewaltsamen Eingriff heraufbeschworenen Gefahren, die Anwendung von Waffengewalt perhorrescirte und, ohne den Ansprüchen des Königs auf Wiedereinsetzung in seine früheren Rechte etwas zu vergeben, die Hoffnung auf eine friedliche Lösung in günstigerer Zeit betonte. Zu bemerken ist hierbei noch, daß auch Herr von Gonzenbach, einer der treuesten Anhänger Preußens, und Gegner der neuen Ordnung der Dinge in der Schweiz, sich inzwischen in einer Denkschrift ebenfalls aufs Entschiedenste gegen Anwendung von Gewalt und äußerem Druck ausgesprochen hatte, wenn er auch Preußens legitime Ansprüche voll anerkannte.

Es ist wohl anzunehmen, daß diese entschiedene Ablehnung der so entschieden gestellten Anträge Sydow's, dem Ministerium des Aeußeren gleichzeitig empfehlenswerth erscheinen ließ, denselben seinen Sitz von Bern nach Stuttgart verlegen zu lassen, wenn auch als äußerer Anlaß hierzu eine beiläufige Bemerkung des schweizerischen Bundesrathsmitglieds für die auswärtigen Angelegenheiten gedient hat, wonach sich die Schweiz allenfalls zu einer Geldentschädigung an den König von Preußen, gegen Aufgeben seiner Rechte auf Neuchâtel, verstehen könne. Ein späteres Schreiben des Ministers des Auswärtigen, Herrn von Schleinitz, vom 13. Januar 1850, erwähnt nachträglich jenes Anerbietens als eines „ganz unwürdigen". Mitte August 1849 verließ also Herr von Sydow die Bundeshauptstadt Bern und ward durch einen Geschäftsträger, Major von Wildenbruch, ersetzt. Dessen erster Bericht an den Minister des Auswärtigen datirte vom 31. August; er trat bezüglich der Auffassung der Neuchâteler Verhältnisse im Wesentlichen den Ansichten Herrn von Sydow's bei, war jedoch angewiesen, den auf ihn eindringenden Neuenburger Royalisten geduldige Treue zur Pflicht zu machen und sie von Aufstandsversuchen abzuhalten.

Am 8. November 1849 sprach nun die Bundesbehörde in einer Note, bei Gelegenheit der Streitfrage über die gesandtschaftliche Legalisirung von Pässen und Urkunden, die von der Seitens Preußen's als revolutionär betrachteten Regierung jenes Kantons ausgestellt waren, den Wunsch aus, „die Neuenburger Sache freundschaftlicher Erledigung entgegenzuführen". Dies wurde vom Minister des Aeußeren „als Anerkennung des Bundesraths aufgefaßt, daß den seit dem Neuenburger Aufstand vom 1. März 1848 fortdauernden Rechtsverletzungen ein Ziel gesteckt werden müsse", und Herr von Wildenbruch bezüglich der Beantwortung jener Note dahin instruirt, „daß die Conditio sine qua non zu jeder Verständigung über Neuchâtel die unbedingte Wiederherstellung der rechtmäßigen Regierung sei." Unter dem Druck der öffentlichen Meinung protestirte aber nun der Bundesrath, in einer am 25. Januar 1850 an Herrn von Schleinitz gerichteten Note, welche die politische und staatsrechtliche Stellung des Bundes zu der Neuenburger Frage ausführlich erörterte, sehr energisch gegen die seiner Note vom 8. November 1849 gegebene Deutung: „als erblicke der Bundesrath in der Wiederherstellung des früheren Zustandes den Anknüpfungspunkt für eine gedeihliche Entwickelung". Nachdem hierdurch die Aussicht auf gütliche Einigung vollständig abgeschnitten war, erhielt Herr von Wildenbruch am 11. Februar 1850 von Herrn von Schleinitz den Auftrag, dem Bundesrath eine scharfe Entgegnung auf dessen Note vom 25. Januar zu übermitteln und dann sofort abzureisen, jedoch den expedirenden Sekretär der Gesandtschaft behufs Visirung von Pässen u. s. w. zurückzulassen. Zugleich wurde den Großmächten Kenntniß von diesem Schritt und seiner Veranlassung gegeben, bei welcher Gelegenheit jedoch Lord Palmerston erklärte — wie dies der diesseitige Gesandte am Londoner Hof, Herr von Bunsen, unter dem 25. Februar mittheilte —, daß er, entgegen der preußischen Ansicht, eine Restauration der königlichen Autorität in Neuchâtel überhaupt für unmöglich halte.

Zu diesem Zeitpunkt war es, daß die Aufforderung

an mich herantrat, nach der Schweiz zu gehen. Die preußischen Mitglieder der Bundescommission waren hauptsächlich durch einen mir befreundeten diplomatischen Hilfsarbeiter, sowie durch verschiedene Artikel in der Oberpostamtszeitung auf mich aufmerksam geworden, worin ich, in tiefstem Geheimniß der Urheberschaft, die österreichischen handelspolitischen Pläne bekämpfte, die darauf berechnet waren, Preußens Einfluß auch auf diesem Gebiet zu brechen, und Oesterreich an die Spitze Deutschlands und eines 70 Millionen Bewohner umfassenden mitteleuropäischen Zollvereins zu stellen. Man fühlte preußischerseits die Nothwendigkeit, sich von den Vorgängen in der Schweiz auch nach Abreise des Geschäftsträgers und thatsächlichem Abbruch der diplomatischen Verbindung, fortdauernd in genauer Kenntniß zu halten, um so mehr, als im Mai zum erstenmal Neuwahlen für die Volksvertretung in dem für die ganze Schweiz ausschlaggebenden Kanton Bern stattfinden sollten, von deren Ausfall man wesentliche Rückwirkungen auf die Bundesverfassung und die Neuchâteler Angelegenheit erwartete. Desgleichen war am 1. Februar die neue einheitliche Zollverfassung der Schweiz in Kraft getreten, über deren wirthschaftliche Tragweite, dem Zollverein gegenüber, man sich nähere Aufschlüsse verschaffen wollte. Durch einen Erlaß vom 12. Februar 1850 war Herr von Sydow, auf seinen Vorschlag, durch den Minister des Auswärtigen, Herrn von Schleinitz, ermächtigt worden, mir diese Sendung nach der Schweiz anzuvertrauen. Wenige Tage darauf ersuchte mich Herr von Sydow um meinen Besuch — er hielt sich nämlich zu jener Zeit in Frankfurt auf — und theilte mir mit, was der Zweck meiner Sendung sei, nämlich die politische Berichterstattung über die öffentlichen Vorgänge und Bewegungen in der Schweiz, hauptsächlich in dem Schicksalskanton Bern und in Neuchâtel, und die Untersuchung und Begutachtung des am 1. Februar in Kraft getretenen neuen schweizerischen Zollsystems, bezüglich der zu erwartenden Einwirkung auf den Verkehr mit Deutschland. Herr von Sydow entwickelte mir dabei ausführlich seine persönlichen politischen Anschauungen und insbesondere die von ihm von den bevorstehenden Wahlen im Kanton Bern gehegten Erwartungen bezüglich einer Lösung der Neuchâteler Frage, ließ mir auch die Gesandtschaftsacten zustellen, aus welchen ich Kenntniß der Sachlage, wie ich sie vorstehend schilderte, erhielt. Ich benutzte die kurze Zeit vor meiner Abreise noch zu Studien der Schweizer Geschichte und der diplomatischen Gepflogenheiten und reiste, drei Tage nach der Taufe meines Erstgeborenen, nachdem ich durch Vermittlung der preußischen Mitglieder der Interimskommission, Urlaub erhalten, am 25. Februar von Frankfurt ab. Man hatte mir bedeutende Diäten und Reisekosten zugesichert, auch hinsichtlich der Bereisung der Schweiz und Wahl meines Aufenthaltes ganz freie Hand gelassen. Von den mir gestellten Aufgaben war mir zunächst nur die handelspolitische sympathisch, während ich im Verlauf der Mission allerdings auch den politischen Aufgaben großes Interesse abgewann, mich überhaupt für die Schweiz immer mehr erwärmte.

Ueber Basel und Säckingen, wo ich meinen, bei den preußischen Occupationstruppen als Einjähriger eingetretenen Bruder aufsuchte, traf ich am 28. Februar Abends nach einer trübseligen, in einer langweiligen, politisch unnahbaren Gesellschaft verbrachten Postwagenfahrt, zum erstenmal im Leben mit

Zahnschmerzen behaftet, in Zürich ein. Zunächst ohne die mindesten Anküpfungspunkte für Erfüllung meiner Aufgaben begann ich mit dem Besuch von Fabriken und frequentirte überdies fleißig die Bierhäuser und Restaurationen von Zürich, verschmähte selbst politische Gespräche mit Kellnern nicht, und verschlang dabei alte, wie neue Nummern der aufliegenden zahllosen Schweizer Zeitungen und Lokalblättchen. Schon am anderen Tag machte ich zu meinem Erstaunen die Entdeckung, daß meine Kenntniß der politischen Sachlage bereits etwas fortgeschritten sei, wie es denn in der That kein Land der Welt giebt, worin die Publizistik einen solchen Einblick in das innerste Volksleben, seine Strömungen und Spaltungen gewährt, wie die Schweiz. Die Leitartikel oder Raisonnements der führenden Parteiorgane spielen dabei selbst eine geringere Rolle, als die unmittelbar und ungeschminkt aus den Volkskreisen hervorgehenden, häufig im plattesten Volksdialekt geschriebenen, oft auch in Gesprächsform gekleideten Ausbrüche der Volksstimmung, in den zahllosen kleinen Lokalblättern. Kein Ort von irgend einer Bedeutung in der Schweiz entbehrt solcher Organe, worin die lokalen, politischen, wirthschaftlichen und religiösen Gegensätze ihren schärfsten, aber auch treuesten Ausdruck finden. An die Sprache, die sie führen, an die Polemik der Parteien, mußte man sich allerdings erst gewöhnen; sie tractirten sich gegenseitig als Schufte, Lumpen, Betrüger, sodaß man glauben konnte, am Vorabend eines mühsam zurückgehaltenen Bürgerkriegs zu stehen. So war es wenigstens in der aufgeregten Zeit, von der ich spreche, und welche den Berner Wahlen voranging. Das tägliche Studiren einer Unzahl von Zeitungen, bis zu den kleinsten Käseblättchen herab, wurde denn auch in der That während meines ganzen Aufenthaltes in der Schweiz eine Fundgrube von Bedeutung für meine Anschauungen und Berichterstattungen, und setzte mich in den Stand, aus den Unterhaltungen mit Personen aus allen Ständen, die ich allmählich kennen lernte, immer mehr Nutzen zu ziehen, aus den maaßlosen Uebertreibungen des Parteihasses das Wahre und Falsche herauszufinden, und überhaupt Richtung und Wucht der Volksströmungen richtig zu beurtheilen.

Am 3. März kam ich in Luzern und am 5. in Bern, der Bundeshauptstadt, an, wo ich im Hôtel „zum Distelzwang" mein Hauptquartier aufschlug. Ich hatte dorthin Empfehlungsschreiben an einen Kaufmann und einen Beamten des eidgenössischen Zolldepartements, die mir zunächst Zutritt ins Museum verschafften, wo ich täglich unzählige schweizerische Zeitungen und Lokalblätter mit Muße durchstudiren konnte. Im Gasthof selbst verkehrten angesehene Persönlichkeiten aus anderen Kantonen, und an der table d'hôte nahm sogar als Stammgast ein sehr liebenswürdiges Mitglied des Bundesraths Theil. In der Zeit vom 11. März bis 5. April machte ich von Bern aus Ausflüge nach Thun, Burgdorf, Lausanne, Genf, Biel, Lachauxdefonds und Neuchâtel, wohnte auch am 25. März persönlich der noch heute in der Erinnerung des Schweizervolks lebenden berühmten Volksversammlung in Münsingen bei, wohin die Conservativen und Radikalen — die „Leuen" und „Bären" — gleichzeitig ihre Anhänger berufen hatten, die nun zu vielen Tausenden auf zwei, nur durch eine Hecke getrennten Matten tagten, und sich durch ihre Redner, ohne jede äußere Störung des Friedens, gegenseitig die Schufte, Spitzbuben, Verräther und Lumpen ins Gesicht warfen.

In meinen Berichterstattungen an Herrn von Sydow, die stets dem auswärtigen Amt eingesandt wurden, war ich ebenso fleißig wie gewissenhaft. Ich habe schon mehrfach erwähnt, daß ich zu jener Zeit noch am Autoritätsglauben litt, und die Diplomaten insbesondere als eine geistig außergewöhnlich hochstehende, mit außergewöhnlichem Wissen und Geschick begabte Menschenklasse betrachtete. Dieses seitdem gründlich beseitigte Vorurtheil ließ mich anfangs an meiner eigenen Beobachtungsgabe irre werden, als ich nämlich von keiner Seite für die Auffassungen, Voraussetzungen und Erwartungen des Herrn von Sydow irgend einen realen Anhaltpunkt zu gewinnen vermochte. Ich konnte schon begreifen, daß seine religiöse und politische Orthodoxie, seine aristokratische Stellung und Umgebung, insbesondere sein ausschließlicher Verkehr mit dem frondirenden Berner und Neuchâteler Adel, die schweizerischen Verhältnisse anders abspiegelten, als mein bürgerlicher Liberalismus; allein ich glaubte nicht, daß man sich in der Beurtheilung thatsächlicher Vorgänge und offenkundiger Strömungen so weit von einander entfernen könne. Herr von Sydow sah, wie er im Sonderbundskrieg auf Seite der Urkantone gestanden hatte, in der Bundesverfassung von 1848 lediglich eine Verletzung völkerrechtlicher Verträge und einen revolutionären Act, welcher überdies die gewaltsame Losreißung Neuchâtels sanctionirt hatte. In eine meritorische Abwägung der elenden Kantonalverfassung von 1815 gegen die unverkennbaren Vorzüge der neuen Bundesverfassung von 1848 trat er gar nicht ein; der revolutionäre Ursprung der Letzteren genügte ihm zu deren

Verurtheilung. Ich dagegen, für den insbesondere die volkswirthschaftlichen Vorzüge der neuen Verfassung sehr stark, die doctrinären Fragen ihres legitimen oder illegitimen Ursprungs dagegen sehr wenig ins Gewicht fielen, sah die neuen Verhältnisse umgekehrt mit immer günstigeren Augen an, und gewann allmählich die noch heute von mir getheilte Ueberzeugung, wie das tolle Jahr 1848 keine politische Schöpfung gezeitigt hat, welche an Gediegenheit und berechtigten Ansprüchen auf Bestand, der neuen schweizerischen Bundesverfassung irgendwie gleichgestellt werden könnte. Sehr bewunderte ich insbesondere den politischen Tact und die große Mäßigung, welche die Urheber der Verfassung gerade in einer Zeit bewiesen hatten, wo die Ueberstürzung und die doctrinäre Nichtberücksichtigung bestehender Verhältnisse in allen anderen Ländern an der Tagesordnung waren, deßhalb allerdings auch schließlich überall zu Mißerfolgen führten. Die Verfassung von 1848 vermied, der künftigen Fortentwickelung auf dem Boden der Erfahrung vertrauend, jede zu weit gehende Beschränkung der Kantonalsouveränität, und das schlagendste Beispiel, wie weitgehende Rücksicht auf bestehende Verhältnisse genommen wurde, liefert wohl die Verfassungsbestimmung, daß die Einnahmen aus der künftig einheitlichen Zoll- und Postverwaltung nicht etwa nach der Bevölkerungszahl, sondern nach Maaßgabe der Erträgnisse vertheilt werden sollten, welche bisher jeder einzelne Kanton aus diesen Quellen erzielte, gleichviel nach welchen finanziellen Grundsätzen er gewirthschaftet hatte. Auch vermochte ich in der bedingungslosen Aufnahme des Kantons Neuchâtel in den neuen Verfassungsrahmen, unter Nichtberücksichtigung der Rechte des Königs von Preußen, nur eine Nothwendigkeit, die sich dem Bunde durch den dortigen Aufstand geradezu unabweislich aufgedrängt hatte, und die Beseitigung eines durch den Wiener Congreß geschaffenen unhaltbaren Zwitterzustandes, zu erkennen.

Noch verschiedener als das Urtheil über die Bundesverfassung von 1848 gestalteten sich aber meine Anschauungen über die Stellung der Parteien zu derselben, und die an den Sieg der conservativen Partei im Kanton Bern in dieser Beziehung zu knüpfenden Erwartungen. Herr von Sydow ging so weit, von einem eklatanten Siege der conservativen Partei in dem Schicksalskanton Bern sogar möglicherweise eine Wiederaufhebung der Bundesverfassung und freiwillige Wiederherstellung der Rechte Preußens auf Neuchâtel in Aussicht nehmen zu können. Allerdings hatte derselbe, während seines noch nicht zweijährigen Verweilens in Bern, nach Inkrafttreten der Verfassung von 1848 nur beobachten können, wie dieselbe vom Volk zunächst ziemlich gleichgültig aufgenommen wurde, da in diesem, weiser Mäßigung entsprungenen politischen Act, keine einzelne politische, religiöse oder nationale Partei ihr Programm vollständig verwirklicht fand. Das Nüchterne und Vernünftige findet in der Regel erst allmählig Anerkennung. Nun verkehrte aber Herr von Sydow ausschließlich in den Kreisen der Berner und Neuchâteler Hocharistokratie, welche durch die Ereignisse der Jahre 1847 und 1848 alles früheren Einflusses beraubt worden war und vor Wuth gegen die neue Verfassung schäumte. Er glaubte hierin, ihres entscheidenden Einflusses in früheren Zeiten eingedenk, den Stamm einer conservativen Partei zu erblicken, welche im Stande wäre, nach Sturz der radikalen Regierung des Kantons Bern, die bisher so schwach gestützte Bundesverfassung wieder zu beseitigen. Nun nahm aber, seit Herr von Sydow im August 1849 Bern verließ, die politische Strömung eine ganz andere Richtung und zwar in sehr raschem Tempo. Entschlossene Gegner der Verfassung blieben nur auf der einen Seite die im Sonderbundskrieg besiegten Ultramontanen, mit welchen in der Verfassungsfrage die Berner und Neuchâteler Aristokratie sympathisirte, auf der anderen Seite die Radikalen der französischen Schweiz, welche eine einheitliche Republik erstrebten. Die dazwischen liegende große Mehrheit des Volks, wenn auch in Radikale und Conservative geschieden, begann aber, sowohl indirect beeinflußt durch die Anfeindungen von solcher Seite, als direct durch das allmähliche Inslebentreten der verfassungsmäßigen Institutionen, insbesondere der Verkehrsfreiheit im Innern, des gemeinschaftlichen Zoll-, Post-, Münz-, Maaß- und Gewichtswesens, sich allmählich immer mehr für die Verfassung zu erwärmen, und in gleichem Maaße stiegen damit Ansehen und Einfluß des Bundesraths. Als nun im Kanton Bern im Mai die Neuwahlen bevorstanden, wenn dieselben auch unmittelbar nur der Erhaltung oder dem Sturz der radikalen Kantonalregierung galten, wurde es für jede politische Partei unumgänglich nothwendig, zu der Frage der Bundesverfassung Stellung zu nehmen. Da entfaltete plötzlich die conservative, richtiger gesagt, gemäßigt liberale Partei, das Banner der Bundesverfassung und stellte die Unterstützung derselben sogar an die Spitze ihres Programms. Dieser so entschiedene, als kluge Schritt führte der anfangs schwächeren Partei immer mehr Anhänger auch aus den Reihen der bisherigen politischen Gegner zu, um so mehr, als sie sich sorgfältig von den altconservativen Aristokraten und Gegnern der Bundesverfassung fern hielt und deren Beihülfe nicht beanspruchte. Letztere Partei, auf welche Herr von Sydow alle seine Hoffnungen gesetzt hatte, sah sich also vollkommen bei Seite geschoben und übte bei den Wahlen thatsächlich nicht den mindesten Einfluß mehr aus. Der Neuchâteler Frage aber wurde, zum doppelten Kummer des Herrn von Sydow, in dem conservativen Berner Programm gar keine Erwähnung gethan; hätten die Conservativen nur eine Andeutung in der Richtung einer Restauration, ja nur einer Verständigung mit Preußen, in ihr Programm einfließen lassen, so war statt des Sieges ihre Niederlage besiegelt.

Nur bei dem geschilderten raschen Entwickelungsgang des politischen Lebens in der Schweiz, der von der Abreise des Herrn Sydow ab in Fluß kam, war es möglich geworden, daß meine Ansichten und Auffassungen sich soweit von den seinigen, die sich auf die Beobachtungen aus früheren Zeiten gründeten, entfernen konnten. Ich betonte in meinen Berichten diese abweichende Ansicht erst leise, aber allmählich immer bestimmter, je mehr sich die Zeichen mehrten, welche dieselbe unzweifelhaft bestätigten. Der Inhalt meiner Berichte konnte somit Herrn von Sydow durchaus nicht erbaulich sein; wie ich mich später aus den Gesandschaftsacten überzeugt habe, hat derselbe indeß in höchster Unparteilichkeit keinen Versuch gemacht, dem Ministerium Zweifel an der objectiven Richtigkeit meiner von den seinigen so weit abweichenden Beobachtungen einzuflößen, hat im Gegentheil mein Orientirungstalent rühmend hervorgehoben.*) Leider erstreckte sich aber meine

*) Dankbar muß ich auch noch bei dieser Gelegenheit der freundschaftlichen Intervention des Herrn von Sydow gedenken, als ich zwei

abweichende Meinung auch auf die Stimmungen in Neuchâtel. Hinsichtlich dieser Frage ließ Herr von Schleinitz am 7. März 1850 im Staatsanzeiger eine den Großmächten abgegebene Erklärung veröffentlichen, wonach Preußen nicht beabsichtige, mit bewaffneter Hand vorzugehen; gleichzeitig wurde aber den Bewohnern Neuchâtels durch Vermittlung des Herrn von Sydow vertraulich mitgetheilt, „daß der König niemals seine Rechte auf das Fürstenthum aufgeben und stets deren Wiederherstellung verlangen, sich insbesondere niemals auf eine bloße Genugthuung einlassen werde," auf welche sonst befreundete Blätter hingedeutet und damit die königstreuen Bewohner Neuchâtels beunruhigt hatten. Als Consequenz der von mir entwickelten Anschauungen über die Stellung der Parteien zur Bundesfrage, mußte ich zunächst jeder Hoffnung entgegentreten, welche Herr von Sydow bezüglich freiwilliger und friedlicher Lösung der Neuchâteler Frage an einen Wechsel in der Parteiherrschaft im Kanton Bern geknüpft hatte, und zwar umsomehr, als die Restauration, nachdem Neuenburg einmal als gleichberechtigter und verpflichteter Kanton aufgenommen worden war, sich nur durch eine Abänderung der Bundesverfassung, die der Volksabstimmung unterlag, bewerkstelligen ließ, folglich der Competenz der Bundesbehörden, selbst wenn sie Neigung dazu gehabt hätten, entzogen war. Auch brachte ich von meinen Ausflügen in den Kanton Neuchâtel Eindrücke der Volksstimmung mit, welche wesentlich von

Jahre später zum Bürgermeister einer größeren rheinischen Stadt gewählt worden war, und der Minister von Westphalen im Begriff stand die Nichtbestätigung dieser Wahl beim König zu beantragen, bloß weil ich ein Frankfurter Achtundvierziger gewesen war.

der Auffassung des Herrn von Sydow abwichen. Zunächst erschien mir die Zahl der Anhänger des preußischen Königs, auch unter den Eingeborenen des Kantons, eine relativ weit geringere zu sein, als nach den Behauptungen des ausgewanderten Adels anzunehmen war, und sowohl von Herrn von Sydow, als Herrn von Wildenbruch unterstellt wurde. Dann war es mir aber auch unmöglich, in den Massen einen preußischen Patriotismus und ein dynastisches Gefühl zu entdecken, deren Wurzel ich vielmehr in dem Verlust von Vortheilen und Bevorzugungen der vornehmeren Familien zu finden glaubte, welche bis dahin die Herrschaft über Stadt und Fürstenthum Neuchâtel in Händen gehabt hatten. Die rücksichtslose Behandlung derselben durch die jetzigen radikalen Machthaber erregte allerdings auch in mir die lebhafteste Abneigung. Von diesen wenig tröstlichen Beobachtungen machte ich, wenn auch möglichst die Gefühle des Herrn von Sydow schonend, keinen Hehl; die Restauration der preußischen Oberherrlichkeit erschien mir nur durch Gewalt von außen und zugleich Gewalt im Innern des Kantons, der Mehrheit der Eingesessenen gegenüber, durchführbar, und ich hielt es deshalb für einen großen Fehler der preußischen Regierung, der treugesinnten Minderheit in Neuchâtel noch im gegenwärtigen Stadium die „bestimmte Absicht einer Wiederherstellung der Königlichen Autorität" auszusprechen, anstatt sie auf eine unvermeidlich gewordene Lösung vorzubereiten, deren Endziel diese Wiederherstellung nicht sein konnte. Und in Preußen wäre nichts in der Welt unpopulärer gewesen, als ein Krieg zu Gunsten der persönlichen Rechte des Königs auf Neuchâtel.

Es war auffallend, wie der geschilderte Schritt der

conservativen Partei im Kanton Bern zu Gunsten der Bundesverfassung, von Monat zu Monat die Stellung des Bundesraths kräftigte. Dies zeigte sich zunächst auch in der immer größeren Folgsamkeit der Kantone, den bundesräthlichen Anordnungen wegen Internirung und Ueberwachung der badischen Flüchtlinge und fremden Revolutionäre gegenüber. Noch entschiedener war aber, wenn auch zum Theil unter dem Druck des Auslands, der Schritt des Bundesraths, indem er am 4. April 1850 alle deutschen socialdemokratischen Arbeitervereine auflöste, oder unter Polizeiaufsicht stellte, gleichzeitig aber mehr als 100 Führer dieser Bewegung aus der Schweiz auswies. Kein Kanton leistete diesen Anordnungen Widerstand, so sehr einzelne davon auch jenen Bewegungen günstig waren; einige Monate vorher wäre ein solcher Befehl noch fast überall auf Widerstand gestoßen. Es ist übrigens hochinteressant, die damalige Haltung der Regierungen der socialdemokratischen Bewegung gegenüber mit der jetzigen freieren Auffassung zu vergleichen.

Während meiner politischen Beobachtungen und Berichterstattungen sammelte ich zugleich unausgesetzt Material für den mir am meisten am Herzen liegenden handelspolitischen Theil meiner Aufgabe, theils durch Besuch von Fabriken und Unterhaltungen mit Fabrikanten und hervorragenden Mitgliedern der eidgenössischen Räthe, welche im April zusammengetreten waren, theils durch Sammlung wirthschaftlichen Materials. Das Studium des durch die Zolleinigung vom 1. Februar soeben beseitigten alten schweizerischen Zollwesens gewährte mir dabei ein lebhaftes Interesse. Es war schwer zu begreifen, wie ein intelligentes Volk so lange ein Verkehrssystem hatte dulden können, welches seines Gleichen noch nicht gehabt hat. Die alten Kantonalzolltarife bildeten zusammengebunden einen Quartband von drei Finger Dicke. Jeder einzelne Kanton hatte seine eigenen Einfuhr-, Durchfuhr- und vielfach sogar Ausfuhrzölle, in der allerverschiedensten Höhe systemlos zusammengestoppelt, oft mit indirecten Steuern, Wegeabgaben u. s. w. verquickt, und häufig von Kirchthurms- oder Privatinteressen, oder kantonalen Eifersüchteleien dictirt. Unter den in vielen der inneren Kantone besteuerten Gegenständen figurirten unter anderem auch „todte Juden", d. h. Durchgangszölle von jüdischen Leichentransporten. Rechnet man hinzu, daß fünf verschiedene Münz-, und mehrere Maaß- und Gewichtssysteme in der Schweiz in Geltung waren, daß die meisten Kantone ihr eigenes Postwesen hatten u. s. w., so wird man begreifen, wie die neue Bundesverfassung, welche hierin Einheit schaffte, wenn sie auch anfangs politisch kühl aufgenommen wurde, doch vom wirthschaftlichen Standpunkt aus sehr bald Anerkennung finden mußte.

Während ich mich meiner wirthschaftlichen Aufgabe mit besonderem Eifer widmete, erschien plötzlich, kurz vor meiner Abreise, ein Correspondenzartikel in einem Elsasser Blatt, und Tags darauf in der Times, wonach die französische und englische Regierung darauf aufmerksam gemacht wurden, daß Preußen insgeheim Verhandlungen über Abschluß eines Handelsvertrags mit der Schweiz angeknüpft habe, und zwar durch einen sehr geschickten Unterhändler: „Mr. Oechelhaeuser, whos has made already great advances towards his purpose", wie die Times sagte. In der That konnte die französische und englische Einfuhr durch einen den preußischen Zollverein begünstigenden

Vertrag sehr benachtheiligt werden. Am nächsten Tag stand der Artikel, begleitet von Raisonnements für oder wider einen solchen Vertrag, in allen Schweizer Zeitungen, und ich ward der Gegenstand allgemeinster Aufmerksamkeit.

Am 16. April reiste ich von Bern ab, da mein Urlaub zu Ende ging, und besuchte auf der Rückreise noch verschiedene Fabriken bei Solothurn und Basel. Dorthin war ich dem Zolldirector behufs Sammlung von statistischem Material empfohlen und machte bei dieser Gelegenheit noch zuguterletzt die Entdeckung von stattgehabten Betrügereien zum Nachtheil der Zollvereinskasse. Als ich nämlich zufällig erwähnte, ob die Schweiz nicht die zollvereinsländische Einrichtung der „laufenden Conti" oder der „Entrepots fictifs" einführen werde, erwiderte mir der Zolldirector, daß solches wenig lockend sei, wenn man die Betrügereien beobachte, welche dabei häufig unterliefen. Oft träfen nämlich aus dem Zollverein Kisten ein, anscheinend ganz mit englischen oder französischen Manufacturwaaren, in Wirklichkeit aber größtentheils mit Ziegelsteinen gefüllt, für welche den bezüglichen Conteninhabern im Zollverein der für die Einfuhr der Manufacturwaaren vom Ausland belastete Zoll abgeschrieben worden sei. Ich fühlte mich verpflichtet, Herrn von Sydow hiervon Mittheilung zu machen und vernahm später, daß bald darauf, auf der vereinsländischen Zollstation Leopoldshöhe, ein derartiger Betrug entdeckt worden sei.

Ich war beordert, den Rückweg über Karlsruhe zu nehmen und dem dortigen preußischen Gesandten, Herrn von Savigny, Mittheilung über meine Beobachtungen und Anschauungen zu machen. Ich hatte dabei die Genugthuung, daß er meine Auffassungen von der inneren Lage der Schweiz und der Unmöglichkeit einer friedlichen Wiederherstellung der königlichen Autorität in Neuchâtel aus Initiative des Bundes, theilte, und dabei insbesondere bemerkte, wie ihm die Anschauungen und Hoffnungen seines Collegen Sydow stets „etwas sonderbar" vorgekommen seien.

Am 20. April war ich wieder in Frankfurt bei Weib und Kind. Bereits in der letzten Zeit meines Aufenthaltes in Bern war ich an die Abfassung von drei Denkschriften über das Gesammtresultat meiner Beobachtungen herangetreten, die ich nun rasch vollendete und Herrn von Sydow zusandte, welcher dieselben mit seinen Begleitschreiben unterm 29. April, 3. und 10. Mai dem Minister des Auswärtigen einsandte. Die erste behandelte die Vorzüge der neuen Bundesverfassung und die Stellung der Parteien zu derselben, wobei ich aus den steigenden Aussichten der conservativen Partei im Kanton Bern eine entsprechende Festigung, nicht Lockerung, jener Verfassung folgerte. Die zweite Denkschrift besprach, mit möglichster Schonung der Gefühle des Herrn von Sydow, die Neuchâteler Frage und lief darauf hinaus, daß der steigende Einfluß der conservativen Partei in der Schweiz in keiner Weise die Aussicht auf eine Restauration der königlichen Autorität in Neuchâtel näher gerückt habe, höchstens Verhandlungen über Aufgeben der Rechte Preußens erleichtern könne. Die dritte ausführliche und mit statistischen Daten belegte Denkschrift ließ der neuen am 1. Februar in Kraft getretenen Zolleinigung der Schweiz volle Gerechtigkeit widerfahren, und betonte die Vortheile, die auch dem Zollverein aus der Beseitigung der bisherigen kantonalen Einfuhr-, Ausfuhr- und Durchgangszölle erwachsen müßten, hob dagegen auch einzelne Ein- und Ausfuhrzölle hervor, deren Aufhebung oder Ermäßigung für die Zollvereinsinteressen wünschenswerth erschien. Herr von Sydow beantragte, bei Einsendung letzterer Denkschrift an das Ministerium des Aeußeren, deren Mittheilung an die übrigen Zollvereinsregierungen.*)

Meinen Ansichten und Vorschlägen entgegen wurde auf der nächstjährigen Karlsruher Zollconferenz der bisherige, die Einfuhr wichtiger schweizerischer Producte differentiell begünstigende modus vivendi aufgehoben. Ich muß hierbei noch bemerken, daß der Anblick des unter dem absolutesten Freihandelssystem hoch entwickelten schweizerischen Gewerbewesens, die erste Bresche in meine Schutzzollüberzeugungen legte. In einem Aufsatz in der Tübinger Vierteljahrsschrift führte ich diese Erscheinung auf die ungewöhnliche industrielle und kaufmännische Begabung der Schweizer zurück, welche in anderen Ländern nicht vorausgesetzt, also nicht allgemein für den Freihandel geltend gemacht werden könne. Ich fühlte indeß schon damals die Schwäche einer solchen Argumentation zu Gunsten des Schutzzollsystems.

Ich möchte hierbei nur noch kurz hinzufügen, wie meine politischen Beobachtungen und Voraussagungen sich in der Folge thatsächlich bewahrheitet haben. Der vor-

*) Die eben stattgehabten Vertragsverhandlungen mit der Schweiz veranlassen mich, diese Denkschrift im Anhang im Wortlaut zu veröffentlichen, um einmal die in vier Dezennien stattgehabte wirthschaftliche Verkehrssteigerung, andererseits aber auch erkennen zu lassen, wie weit sich seitdem die Schweiz von dem Freihandelssystem, auf welches sie Theorie und Erfahrung hinweisen, entfernt hat. Auch hier gilt, wie überall im Leben: „Böse Beispiele verderben gute Sitten.“

ausgesagte Sieg der conservativen Partei bei den Berner Neuwahlen trat ebenso ein, wie die darauf begründete Festigung der Bundesverfassung, welche demnächst vorsichtig in der Centralisirung weiter geschritten ist. Und was meine Ansichten bezüglich Neuchâtels betrifft, so zeigte die mit leichter Mühe unterdrückte Erhebung der Royalisten in der Nacht vom 2. auf den 3. September 1856 einmal, wie numerisch schwach diese Partei in der That gewesen war, und wie anderseits der Bund sich immer entschiedener von der Idee einer preußischen Restauration abgewandt hatte. Ja er verstand sich erst zur Freilassung der beim Aufstand gefangenen Royalisten, nachdem alle Großmächte dies peremtorisch gefordert hatten und Preußen im Begriff stand, einen Theil seiner Truppen mobil zu machen. Ueber diese Verwendung zu Gunsten der Gefangenen hinaus, fand aber Preußen bei den Großmächten keinerlei Unterstützung seiner Restaurationsansprüche, und so erfolgte denn schließlich, durch den Pariser Vertrag vom 26. Mai 1857, die fast bedingungslose Verzichtleistung des Königs von Preußen auf alle seine Rechte auf Neuchâtel.

Wie unendlich schwer dem damals schon leidenden und an Neuchâtel wie an seiner Seligkeit hängenden König diese Resignation und die Zustimmung zu den Pariser Conferenzbeschlüssen geworden ist, nachdem er acht Jahre lang unausgesetzt den Großmächten, wie den königstreuen Neuchâtelern gegenüber das „unverbrüchliche Festhalten an der Wiederherstellung seiner fürstlichen Rechte" betheuert hatte, bezeugen die langwierigen, neun Monate andauernden Verhandlungen mit den übrigen Großmächten, worin er nur Schritt für Schritt zurückwich. Für sein

Nachgeben fiel insbesondere der Rath des Fürsten Bismarck (siehe dessen Berichte in Band III von Poschinger's „Preußen im Bundestag") ins Gewicht. Ueber die Stimmung bei Hofe bezüglich der Neuchâteler Frage machte mir in späteren Jahren auch Herr von Röder, damals preußischer Gesandter bei der Eidgenossenschaft, interessante Mittheilungen, als ich auf der Villa eines Freundes am Thuner See dessen Bekanntschaft machte. Herr von Röder hielt sich im Frühjahr 1850 gleichzeitig mit mir in der Schweiz auf, als Begleiter des Prinzen Alexander. Er hatte, wie ich, den vertraulichen Auftrag, auch seinerseits über die politischen Bewegungen in der Schweiz und ihren Einfluß auf die Neuchâteler Frage nach Berlin zu berichten. Seiner Versicherung nach ist er in allen Beziehungen zu denselben Anschauungen gelangt, wie ich, hat insbesondere ebenso eine Restauration der königlichen Gewalt in Neuchâtel für undurchführbar erklärt. Als Herr von Röder, nach Zurückberufung des Prinzen, nach Berlin kam, ward er, seiner Versicherung zufolge, von den am Hofe so einflußreichen Mitgliedern des Neuchâteler Adels aufs heftigste angefeindet, ja fast als Verräther behandelt, sodaß ihn nur die persönliche Freundschaft des Königs in seiner Stellung schützen konnte.

Schon wenige Tage nach meiner Rückkunft, und ehe ich die erwähnten Denkschriften an Herrn von Sydow abgesandt hatte, empfing ich den Besuch des Legationssekretärs von Rosenberg, unseres späteren Gesandten in Madrid, mit der Einladung seitens des Herrn von Sydow, sofort nach der Schweiz zurückzukehren und in meinen Beobachtungen und Berichterstattungen fortzufahren. Ich war durchaus nicht abgeneigt, allein ich äußerte Bedenken wegen meiner Stellung in Frankfurt, indem ein erneuertes Urlaubgesuch den Verdacht der österreichischen Mitglieder der Bundescommission erregen und zu meiner sofortigen Entlassung führen könne. Ich müsse also für solchen Fall eine Entschädigung durch Aufnahme in den preußischen Staatsdienst beanspruchen. Herr von Rosenberg sah die Billigkeit dieses Anspruchs ein und berichtete sofort an Herrn von Sydow, welcher in bereitwilligster Weise darauf einging und meine Ansprüche in einem besonderen Schreiben vom 11. Mai 1850 an den Minister des Auswärtigen, Herrn von Schleinitz, lebhaft befürwortete. Die hierüber angeknüpften Verhandlungen führten indeß zu keinem Resultat, da man, einem preußischen Angehörigen gegenüber, nicht von den Regeln der Beamten-Hierarchie abweichen und mir die Staatsexamina erlassen zu können glaubte.*)

Mit dem 21. April 1850, trat ich also wieder in mein Beamtenverhältniß zur Bundescommission ein; wir fuhren fort gegenseitig keine Notiz von einander zu nehmen. Nur änderte ich immer mehr die Richtung meiner Studien und Arbeiten, seit Oesterreich schon gegen Ende 1849 mit dem vom Minister von Bruck ausgehenden, von Schwarzenberg lebhaft aufgenommenen Plan hervorgetreten war, mit seinem gesammten deutschen und außerdeutschen Länderbesitz in einen großen mitteleuropäischen,

*) Zum Schluß meines Berichtes über die Schweizer Mission erwähne ich noch, daß mir gestattet worden ist, im K. Pr. Geheimen Staatsarchiv Einsicht von den schweizerischen Gesandtschaftsacten, soweit mir dieselben nicht schon bekannt waren, zu nehmen. Ich konnte aus denselben meine eigenen Erinnerungen und Notizen vervollständigen und berichtigen, so daß vorstehende Darstellung der politischen Beziehungen Deutschlands zur Schweiz in den Jahren 1849 und 1850, als durchaus den Thatsachen entsprechend gelten darf.

70 Millionen Einwohner umfassenden Zollverein auf schutzzöllnerischer Grundlage einzutreten. Eine Denkschrift Bruck's vom 30. Mai 1850 präcisirte und begründete später diesen Vorschlag, dem man Großartigkeit der Auffassung nicht absprechen kann. Der Plan wandte seine politische Spitze selbstverständlich gegen Preußen; es war ein kühner Schachzug gegen dessen Bestrebungen, das außerösterreichische Deutschland zu einem engeren Bunde zu vereinigen. Mit der politischen Führerschaft sollte Preußen zugleich die führende Rolle im Zollverein entrissen und auf die Präsidialmacht Oesterreich übertragen werden. Der Plan fand sofort bei den Preußen feindlich gesinnten süddeutschen Staaten, und insbesondere ihren schutzzöllnerischen Industriellen, lebhafte Sympathie, sowohl aus politischen Gründen, als aus der Erwägung, daß die Verbindung mit Oesterreich das Festhalten am Schutzzollsystem — diesem süddeutschen Dogma — besser zu gewährleisten schien, als der engere Zollverein mit Preußen, welches mehr die Richtung nach dem freieren Verkehr vertrat. Ueberdies muß zugegeben werden, daß auch im übrigen Deutschland die rein wirthschaftliche Verbindung mit Oesterreich, also der Wegfall der Binnenschranken, keiner geschlossenen Opposition begegnete; dieselbe galt nur der politischen und finanziellen Seite des Plans. Dieses Vorgehen Oesterreichs mit dem großen Bruck'schen Plan fiel nun zugleich in den Zeitpunkt, wo die mit Preußen bestehenden Zollvereinsverträge sich ihrem Ablauf näherten, und wurde hierdurch zu einer wirklichen Gefahr für den Fortbestand dieser größten nationalen Schöpfung aus der unfruchtbaren Zeit des alten Bundes, und für Preußen's politische Stellung in Deutschland überhaupt.

Aus preußischem Patriotismus sowohl, als Angesichts der Schwierigkeiten einer wirthschaftlichen und finanziellen Zoll- und Tarifgemeinschaft bei so außerordentlich abweichenden Grundlagen, trat ich sofort dem österreichischen Plan entgegen. Die Verschiedenheiten im Verbrauch der wichtigsten Finanzzollartikel, die Abweichungen in den Systemen der indirecten Besteuerung, die völlige Desorganisation endlich, welche die Papiergeldwirthschaft in die österreichischen Finanzen gebracht hatte, ließen mir die Verwirklichung der Bruck'schen Idee, von ihrer ominösen politischen Tragweite abgesehen, als unheilvoll für Preußen erscheinen. Ich verwandte meine Zeit nun hauptsächlich zum Studium aller einschlägigen Fragen, wobei mir die in der Bibliothek des Reichshandelsministeriums befindlichen Protokolle der Zollvereinsconferenzen sehr zu gut kamen, die bisher streng geheim gehalten wurden. Ich sammelte in dieser Zeit das reiche Material zu zwei diese Gegenstände behandelnden Brochüren, welche ich im nächsten Frühjahr, nach meiner Entlassung aus dem Bundesdienst, veröffentlichte, schrieb auch insgeheim, im Einverständniß mit den Vertretern Preußens, Artikel gegen die österreichischen Projecte in der Oberpostamtszeitung, die damals noch für Preußen geöffnet war, sowie in anderen Blättern. Zugleich knüpfte ich in dieser Zeit meine Verbindung mit den norddeutschen Industriellen immer enger, welche, obgleich selbst gemäßigte Schutzzöllner, doch in preußischem Interesse den Kampf gegen die österreichischen und süddeutschen Pläne, die allmählig immer mehr auf Sprengung des Zollvereins hinausliefen, am entschiedensten aufnahmen.

Neben diesem bedenklichen handelspolitischen Schachzug Oesterreichs spitzte sich nun auch der politische Krieg gegen

Preußen immer mehr einer Entscheidung zu. Indem Preußen durch seinen schwachen, zwischen Einigungsgelüsten und Legitimitätsbedenken hin- und herschwankenden König, Oesterreich durch den rücksichtslosen und energischen Minister Schwarzenberg geführt wurde, gerieth ersteres immer mehr ins Hintertreffen und sank unglaublich in der allgemeinen Achtung. Die Augsburger Zeitung nannte Preußen einen „abgehauenen Arm, auf den man keine Rücksicht mehr zu nehmen brauche." *) Wenige Tage nach meiner Rückkehr aus der Schweiz, am 26. April 1850, erließ Oesterreich, als Präsidialmacht des alten Bundes, eine Einladung an alle deutschen Staaten, zum 14. August in Frankfurt zusammenzutreten und am 1. September den alten Bundestag wieder zu eröffnen. Dies fand auch der Form nach, trotz Preußens Widerspruch statt, und sah es sich dabei von fast allen seinen bisherigen zur Union gehörigen Verbündeten verlassen. Die Bundesinterimscommission blieb im österreichischen Interesse formal noch fortbestehen, hatte aber selbstverständlich nicht die mindeste Bedeutung mehr. Inzwischen wurde die Spannung zwischen Preußen und Oesterreich noch schärfer durch die Ereignisse in Kurhessen, wo der Kurfürst den aus seinen freiheitsfeindlichen Bestrebungen in den dreißiger Jahren allgemein verhaßten Hassenpflug zum Regiment berufen hatte, um die bestehende freisinnige Verfassung zu beseitigen. Nach zweimaliger Auflösung der Ständeversammlung, welche am 2. September 1850 einstimmig, bis zur ver-

*) Moltke, in einem Brief an seinen Bruder Adolf vom 17. Februar 1850; sprach sich über die damalige politische Isolirung Preußens dahin aus: „Preußen muß sich gestehen, daß es nirgends in ganz Europa mehr einen Freund hat und ganz allein auf sich selbst angewiesen ist."

fassungsmäßigen Vorlage eines Budgets, die Steuern verweigert hatte, wandte sich der Kurfürst an den von Oesterreich uud seinen Trabanten gebildeten Bundestag, welcher am 21. September die Bundesexecution beschloß, während Preußen gegen diesen Beschluß protestirte. Dabei leiteten den König von Preußen aber keineswegs eine Vorliebe für die verfassungstreuen Hessen, wie diese unterstellten, sondern nur Rücksichten politischer Rivalität und militärischer Empfindlichkeit. Nach immer schärfer zugespitzten fruchtlosen diplomatischen Verhandlungen, welche im October in Bregenz zu einem förmlichen Bündniß Oesterreichs, Bayerns und Würtembergs gegen Preußen geführt hatten, rückten die österreichischen und bayerischen Executionstruppen am 1. November 1850 in Hanau, die preußischen Truppen am folgenden Tag in Cassel ein. Ein Antrag von Radowitz auf Mobilmachung der preußischen Armee war zunächst von dem fortwährend hin und her schwankenden König verworfen worden, was am 2. November zu Radowitz' Rücktritt und seinem Ersatz durch Manteuffel führte, während sich der König einige Tage später, am 6. November, veranlaßt sah, diese Maaßregel dennoch auszuführen. Sie begegnete im Lande, mit Ausnahme der ultramontanen Districte, allseitiger Sympathie, indem man darin endlich einmal ein Zeichen wiedererwachten Selbstbewußtseins und politischer Entschiedenheit zu erblicken glaubte. Wie sollte man sich täuschen! Am 8. November standen bei Bronzell die Bundestruppen den preußischen unmittelbar gegenüber und wechselten einige Schüsse, so daß der Ausbruch des Krieges unvermeidlich schien.

Alle diese Ereignisse fanden in Frankfurt, dem Hauptquartier der österreichischen Intriguen, den lebhaftesten

Wiederhall. Der Zwiespalt zwischen beiden Großmächten durchdrang alle Verhältnisse und vergiftete alle persönlichen Beziehungen. Jeder zog sich vor dem anderen scheu zurück, und am schärfsten sprach sich dies selbstverständlich in den Beamtenkreisen der Bundescommission aus, worin formell noch die gleichberechtigten Commissare von Preußen und Oesterreich amtirten. Eine drückende Schwüle lastete auf dem öffentlichen Leben und erreichte ihren Höhepunkt am Tage von Bronzell, als des Abends die preußischen Geschütze von dem Platz hinter der Hauptwache nach dem mit preußischen Artilleristen belegten, verschlossenen Rahmhof gebracht wurden, und man sich mit Gerüchten umtrug, daß es unmittelbar zwischen den preußischen und österreichischen Truppen in Frankfurt und Mainz zum Kampf kommen werde. Einige Tage nachher erhielt ich, obgleich die Reserveregimenter, denen ich angehörte, zunächst von der Mobilmachung ausgeschlossen worden waren, meine Einberufungsordre als Landwehrofficier. Ich war ursprünglich zum Adjutanten des Stadtcommandanten in Frankfurt, Major Deetz, ausersehen gewesen; durch eine Verzögerung der Feldpost gelangte aber die Ordre, mich in Attendorn bei dem Stabe meines Landwehrbataillons zu stellen, früher in meine Hände, und ich sah mich sonach gezwungen, sofort abzureisen, während die Adjutantenstelle in Frankfurt anderwärts besetzt wurde. Ich beobachtete übrigens die Form, Urlaub von der Bundescommission zu nehmen, bei welcher Gelegenheit ich aus satyrischen Bemerkungen des Ritters Nell von Nellenburg die ganze Siegeszuversicht der Oesterreicher heraushörte. Derselbe edle Herr erschoß sich übrigens zwei Jahre später wegen Spielschulden und anderer Extravaganzen.

Man kann sich denken, mit welchen Empfindungen ich von Weib und Kind schied, obgleich ich instinctiv, Angesichts der an Kopflosigkeit grenzenden Unentschlossenheit und Wankelmüthigkeit des Königs von Preußen, noch nicht an einen ernstlichen Krieg glaubte. In der zweiten Nacht nach meiner Abreise traf ich in Attendorn beim Stab des Landwehr-Bataillons 37. Infanterie-Regiments ein, wo ich auch meinen älteren Bruder bereits vorfand. Nach wenigen Tagen rückte unser Bataillon, fast 1000 Mann stark, aus, und marschirte in 5 Tagen, häufig bei schlechtem Wetter und auf grundlosen Wegen, nach Coblenz, wo wir auf Fort Alexander, im Volksmund Carthause genannt, anfangs höchst nothdürftig, allmählich aber erträglicher untergebracht wurden. Die Mannszucht ließ in unserem Bataillon nichts zu wünschen übrig; die Siegerländer und Wittgensteiner haben sich namentlich stets durch ihre gute Haltung in der Linie, wie in der Landwehr bewährt. Auch in dem Officiercorps herrschte ein guter Geist, und es entwickelte sich bald ein sehr reges kameradschaftliches Leben in dem rasch eingerichteten Officiercasino der Carthause, wobei mir die Leitung der Weincommission zufiel. Als jedoch der Ernstfall immer näher rückte, und man die Schlagfertigkeit der Landwehr mit anderen Augen anzusehen begann als bei den Landwehrübungen, da mußte man sich in der That ernsten Besorgnissen hingeben. Abgesehen von der Bewaffnung mit schlechten Gewehren, war zunächst die Führung der Landwehr-Compagnieen höchst zweifelhafter Natur. Es war in der langen Friedenszeit allgemeine Uebung geworden, die Hauptmannsstellen, wegen des damit verbundenen Serviszuschusses von etwa 250 Thalern, als Ruheposten für alte Subalternbeamte,

Oberförster, Bürgermeister u. dergl. zu betrachten und deren Felddienstfähigkeit außer aller Beachtung zu lassen. Von unseren vier alten Hauptleuten war höchstens einer den Anstrengungen eines Feldzugs gewachsen, noch weniger aber sicherlich ihre Pferde; ich glaube nicht, daß eines derselben über 50 Thaler gekostet hatte und in Galop zu setzen gewesen wäre, selbst wenn der Reiter eine solche Kraftprobe beabsichtigt und bestanden hätte. Den trübseligsten Einblick in die Schlagfertigkeit der preußischen Landwehr erhielten wir aber beim Eintreffen der Wehrleute des zweiten Aufgebots. Falstaff's Compagnie bei Coventry kann keinen wesentlich traurigeren Eindruck gemacht haben, als der Einzug unserer alten Kameraden in Coblenz. In den Montirungskammern waren für ihre Ausrüstung die abgelegten Uniformen des ersten Aufgebots aufbewahrt worden, von denen, bei dem stärkeren Leibesumfang der älteren Leute, von zehn kaum eine passend war. Die Meisten mußten ihre Waffenröcke vorn mit Bindfaden zuschnüren. Das Leder- und Schuhzeug war in gleich erbärmlichem Zustand; noch acht Tage nach dem Eintreffen in Coblenz standen Landwehrleute zweiten Aufgebots in Schuhen mit Holzsohlen auf Wache. Dabei war von Disciplin keine Rede, überhaupt nur eine ganz ungenügende Zahl alter, meist dienstunfähiger Officiere vorhanden. Die Bewaffnung mit alten unbrauchbaren Musketen war geradezu erbärmlich; für den Kriegsfall waren diese Mannschaften nur Kanonenfutter. Es war kein Wunder, wenn diese älteren Leute, welche, meist verheirathet, Haus und Hof verlassen hatten und sicherlich den ersten Anspruch auf eine sie nicht der Lächerlichkeit und den Unbilden der Witterung preisgebende Ausstattung machen konnten, sich höchst unzufrieden äußerten und danach betrugen. Die Mobilmachung der Linie hatte sich dagegen zufriedenstellend entwickelt; Moltke klagt in Briefen aus jener Zeit über die zaghafte Schwäche der Politik bei einem solchen Rückhalt an tüchtigen und gut gerüsteten Truppen.

Nach mehrwöchentlichem Aufenthalt in Coblenz wurde unser Bataillon vom Prinzen von Preußen inspicirt und erntete großes Lob. Kurze Zeit darauf, in den ersten Tagen des December, nahm ich einen viertägigen Urlaub, um meine Frau in Frankfurt zu besuchen. Inzwischen war preußischerseits das weitere Vorrücken der Truppen sistirt worden, um jeden thatsächlichen Conflict zu vermeiden, welche Zaghaftigkeit die Kühnheit Schwarzenbergs nur immer mehr steigerte. Gleichsam als wenn die Mobilmachung nur ein Moment gewesen wäre, um die Nachgiebigkeit, nicht die Festigkeit der preußischen Politik zu steigern, folgte eine demüthigende Concession der andern. Manteuffels geflügeltes Wort: „der Starke weicht muthig zurück", war das Leitmotiv jener traurigen Zeit. Die Union, worauf Preußens politische Stellung in Deutschland gegründet werden sollte, wurde am 15. November formell aufgegeben, und der Widerspruch gegen die Bundesexecution in Holstein und Kurhessen fallen gelassen. Auf ein am 25. November von Schwarzenberg gestelltes Ultimatum über Räumung der preußischen Etappenstraßen suchte schließlich Manteuffel, auf Befehl des Königs, eine Unterredung mit Schwarzenberg nach, und schloß am 29. November das bekannte Uebereinkommen in Olmütz ab, dessen Schmach erst 1866 auf den böhmischen Schlachtfeldern wieder abgewaschen worden ist. Diese am 2. December in Berlin ratifizirte Olmützer Uebereinkunft, sowie auch das Detail der Zugeständnisse bezüglich

Hessens und Holsteins, wurden längere Zeit streng geheim gehalten; nur dunkele Gerüchte drangen in die Zeitungen. Ehe ich aber Frankfurt verließ, machte mir ein höherer Bureaubeamter, durch dessen Hände soeben die bezügliche Mittheilung an die preußischen Mitglieder der Interimscommission gegangen war, genaue Angaben über deren ominösen Inhalt und die ganze Sachlage. Spät in der Nacht kam ich wieder auf Fort Alexander an, wo ich das ganze Officiercorps noch im Casino zusammenfand. Welchen Eindruck meine Mittheilungen machten, bezeugt am besten die Aeußerung unseres Bataillonscommandeurs von Bronikowski; er sagte mir im Ton des Vorwurfs, wie es möglich sei, daß ich solches „Buddelmeier-Gewäsch" für Wahrheit nehmen könnte. Auf meine wiederholte Versicherung von der positiven Richtigkeit meiner Mittheilungen wurde allerseits die größte Entrüstung laut. Bald bestätigten die Zeitungen meine Nachrichten in allen Theilen; auch sah jedermann klar, daß die in Olmütz als Rückzugsbrücke für Preußen zugestandenen, und am 23. December wirklich eröffneten Dresdener Conferenzen, keine Neugestaltuug Deutschlands in preußischem Interesse bringen konnten und nur den Rückzug Preußens in die Arme des Bundestags unter österreichischer Führung decken würden. Auf dieser untersten Stufe der politischen Schmach langte denn auch in der That Preußen am 27. März 1851 an, indem es seine früheren Unionsgenossen zur Wiederbeschickung des Bundestags auf den 12. Mai aufforderte.

Ich war längst auf ein Zurückweichen vor Oesterreich, aber doch nicht auf eine so schmähliche Niederlage gefaßt gewesen. Und doch ließ ruhige, kühle Ueberlegung nicht verkennen, welchen Gefahren wir in einem Kriege mit

Oesterreich damals entgegen gegangen wären. Unpopulär war ein solcher durchaus nicht, ja populärer als 1866, wo Bismarck den Conflict geradezu aufsuchen mußte, der zum Kriege führte. Auch waren Linie und Landwehr ersten Aufgebots mit Freude zu den Fahnen geeilt. Allein trotzdem fehlten, soweit ich wenigstens habe beobachten können, Vertrauen und Siegeszuversicht. Wie Schwarzenberg Manteuffel in Entschlossenheit und Kühnheit überragte, so standen auch die in blutigen Feldzügen bewährten Namen Radetzki, Jellachich, Heß, Welden u. s. w. in der Schätzung von Freund und Feind über unseren Generälen. In der preußischen Armee war in der That kein General vorhanden, in dessen Hand das Volk vertrauensvoll die Leitung eines so gewaltigen Kampfes gelegt hätte. Seit Friedrich Wilhelm IV. zur Regierung gelangt war, hatte sich insbesondere in die hohe Generalität vielfach eine zur Schau getragene Frömmelei eingeschlichen, die man, vielleicht übertrieben, als wichtigstes Beförderungsmittel ansah. Man erzählte sich, wie manche Generäle stets Bibel oder Gebetbuch in der Tasche trügen; vom General von Gröben, der bei Bronzell commandirte, galt dies ganz besonders. Dazu kam auch der Mangel an Vertrauen auf die militärischen Fähigkeiten des obersten Heerführers, des Prinzen von Preußen, ein Urtheil, welches sich aus dessen Führung im badischen Feldzug herleitete. Man hat dem Prinzen mit diesem Urtheil sicherlich ebenso bitteres Unrecht gethan, wie mit der Beurtheilung seiner politischen Haltung im Jahre 1848; allein, die allgemeine Meinung im Volk ging einmal diesen Weg, und der Widerstand gegen alle gleich nach der Demobilisirung begonnenen, so nothwendigen als zweckmäßigen militärischen

Reformen, so wie auch gegen die Reorganisation der Armee in den sechziger Jahren, wurzelte zu einem großen Theil in diesem ungerechten legendarischen Vorurtheil gegen die militärische Befähigung ihres Urhebers, des Prinzen und späteren Königs Wilhelm. Noch niemals hat aber auch die Weltgeschichte ein ungerechtes Vorurtheil glänzender reparirt.

Es begreift sich leicht, wie von dem Augenblick des Bekanntwerdens der Olmützer Niederlage ab, die in der Verpflichtung Preußens zur Demobilmachung gipfelte, der größte Unmuth in den Reihen der Landwehr einriß, der sich zu wahrer Erbitterung gegen die preußische Politik steigerte, als man die Oesterreicher und Bayern in brutalster Weise in Kurhessen den Executionsdienst zu Gunsten des erbärmlichen Kurfürsten und des verhaßten Hassenpflug ausüben sah, ja Preußen sich sogar selbst, in Gemeinschaft mit Oesterreich, an der Bundesexecution in Schleswig-Holstein betheiligte, welche thatsächlich zur Wiederherstellung der dänischen Gewaltherrschaft in den Herzogthümern führte. Da kein vernünftiger Mensch an ein für Preußen oder Deutschland günstiges Resultat der Dresdener Conferenzen glaubte, so sah man in der Fortdauer des mobilen Zustands, nachdem man in Olmütz die Demobilisirung zugestanden, nur eine nutzlose Deckung des diplomatischen Rückzugs Preußens, die wir mit der Trennung der Landwehrleute von ihren Familien und Geschäften zu theuer erkauft hielten. Es trat auch ein Umstand hinzu, der speziell die Mißstimmung in unserem Bataillon erhöhte. Gerade die vortreffliche Disciplin und Haltung desselben wurde Ursache, daß wir aus den verhältnißmäßig angenehmen Verhältnissen in Coblenz herausgerissen und gegen Mitte December nach Köln beordert wurden, um dort den Festungsdienst an Stelle von anderen Landwehren zu versehen, welche zu Klagen wegen mangelnder Disciplin Veranlassung gegeben hatten. Es war bei dem naßkalten Winterwetter ein fünftägiger trübseliger Marsch, bei dem überdies von dem mißmuthigen Commandeur auf eine so strenge Marschordnung gehalten wurde, wie sie bei der Landwehr schwer aufrecht zu erhalten ist. Mein letztes Marschquartier war Rolandseck. Mein Bruder lag in Bonn, und als wir am anderen Morgen am Sammelplatz des Bataillons zusammentrafen, überreichte er mir einen Feldpostbrief. Er enthielt, als Weihnachtsgeschenk, meine Entlassung aus den Diensten der Bundescentralcommission. Ich hatte diesen Schritt längst erwartet; daß aber die preußischen Mitglieder der Bundescommission, während ich als Officier im Dienst stand, ein solches Vorgehen zugeben konnten, gereicht ihnen nicht zur Ehre.

An demselben Tag marschirten wir bis Köln, dann über die Glacis durch das Hahnenthor auf den Neumarkt, wo der Commandant, General Engels, Parade über uns abhielt. Sodann zog ich mit meiner Compagnie durch die Stadt weiter, bis zum Fort Nr. XI, Mülheim gegenüber, — ein so anstrengender Marsch, daß Kummer und Sorge beinahe durch die Uebermüdung zurückgedrängt wurden. Das Fort war noch nie mit Mannschaften belegt gewesen, das Essen war noch nicht gekocht, nichts zur Aufnahme vorbereitet. Die Räume des großen Réduit und der Grabencaponnièren waren überdies nicht zu erwärmen, ohne daß man vom Rauch fast erstickte. Es dauerte mehrere Stunden, ehe ich, als einziger Officier, meine 250 Landwehrleute leidlich abgefüttert und untergebracht hatte, und mich dann noch in der Nacht nach der Stadt schleppte, um selbst etwas zu genießen. Ich schlief in einem Bretter-Abschlag des großen Réduit, an der Seite eines alten gußeisernen Wallgeschützes. Mein Bruder lag in gleicher Weise, ebenfalls als einziger Officier, mit seiner Compagnie auf Fort Nr. XII. Es waren traurige Tage, in einem trüben, naßkalten Winter, die so dahinschlichen, ein trauriger Weihnachten insbesondere. General Engels überraschte mich auch bald mit einer Inspection. Der gemüthliche, sonst gegen die Officiere strenge Herr, wußte sehr wohl zu berücksichtigen, daß bei der Landwehr und unter solchen schwierigen Casernementsverhältnissen eine Ordnung, wie sie das Reglement vorschreibt, nicht erreichbar war, übersah insbesondere das Verbrechen, daß die Leute ihre Mäntel in dem kalten Quartier umhingen, statt sie hübsch gerollt aufzubewahren. So kam ich bei der Besichtigung ganz gut weg. Ueber die Leute hatte ich überhaupt nicht zu klagen, und es kam kein einziger Fall der Insubordination vor. Nach und nach wurde die Landwehr in Abtheilungen nach Hause entlassen, und auch ich erlangte bald nach Neujahr 1851 Urlaub zur Rückkehr nach Frankfurt. So endete mein zweiundeinvierteljähriges Debut in Diensten des deutschen Reichs. Achtundzwanzig Jahre später, nachdem Versailles erfüllt, was Frankfurt geträumt hatte, knüpfte ich im deutschen Reichstag an die alten Bestrebungen wieder an.

Anhang.

Eine Reise nach Prag in der Pfingstwoche 1848.

(Abdruck aus dem Feuilleton der Kölnischen Zeitung.)

Zwei Monate lang hatte ich die österreichische Monarchie nach allen Richtungen durchstreift. Auf der Rückreise nach der Heimath kam ich in der Woche vor Pfingsten nach Arnau, einem kleinen Städtchen im nordöstlichen Böhmen, nicht weit von der preußischen Grenze gelegen. Biederkeit und Gastfreundschaft, welche in allen Theilen der Welt den Gebirgsbewohnern eigen sind, kommen auch hier dem Fremden entgegen, und nach kurzem Aufenthalte fühlte ich mich ganz heimisch. In der angenehmsten Gesellschaft machte ich die Pfingsttage über einen Ausflug ins Riesengebirge nach den romantischen Felspartien von Adersbach, und wollte nun Tags darauf nach Prag abreisen, wo ich noch vor der Rückkehr nach Hause Geschäfte abzumachen hatte.

Das Ausbleiben der Post von Prag und unbestimmte Gerüchte von einer starken Kanonade, die man in Gitschin und andern Orten seit dem vorigen Tage gehört haben wollte, bestimmten mich, den Tag über (Dienstag, den 13. Juni) noch in Arnau zu bleiben. Wie ich noch vor Kurzem die Verhältnisse Prags aus eigener Anschauung während eines mehrwöchentlichen Aufenthalts kennen gelernt hatte, war mir nichts glaublicher, als die Nachricht, daß dort endlich aus den ausgesäeten Drachenzähnen des Nationalhasses die blutige Saat emporgeschossen sei.

Des andern Morgens erwarteten wir die Post abermals vergeblich. Genaue Nachrichten waren auch auf sonstigen Wegen nicht eingetroffen; doch wiederholten und bestätigten sich die Gerüchte derart, daß kein Zweifel mehr sein konnte an dem Ausbruche einer Revolution in der Hauptstadt. Da meine Angehörigen mich in Prag vermutheten, so schrieb ich nun sofort nach Hause, um sie zu versichern, daß ich vollkommen außerhalb des Bereichs der Windischgrätz'schen Kanonen sei, und beschloß gleichzeitig, so lange in Arnau zu bleiben, bis es dort wieder ruhig sein würde.

Wir saßen an der Mittagstafel, als plötzlich Alarm geschlagen wurde. Ich lief ans Fenster; mit Hahnenschritten kam der würdige Tambour der Arnauer Nationalgarde, das übliche Ehrengefolge von Straßenjungen hinter sich, die Gasse herunter. Herr R., mein gastfreundlicher Wirth, Hauptmann der dritten Compagnie, gürtete schnell das Schwert um und eilte, von mir gefolgt, nach dem Sammelplatz. Dies war der große viereckige Marktplatz, rings mit bedeckten Gängen, sogenannten Lauben, umgeben; fast jedes Städtchen im inneren und nördlichen Böhmen hat einen solchen Platz, in dessen Mitte sich ein sandsteinerner heiliger Nepomuk aufzuhalten pflegt. Hier herrschte großes Getümmel, und da der weibliche Theil der Bevölkerung stark vertreten war, fehlte es nicht an Schreien und Zanken. Bald erfuhren wir die Ursache des Alarms. Eine Estaffette war angekommen von einem, Prag um einige Meilen näher gelegenen Städtchen, und brachte eine Aufforderung an alle Bürgergarden von Stadt und Land, sich aufzumachen und Prag zu Hilfe zu eilen, das von Windischgrätz in Grund und Boden geschossen werde. Die Estaffette hatte schon mehrere Orte passirt, und alle hatten erklärt, daß ihre Garden sofort ausmarschiren würden.

Nachdem die Arnauer Tapferen sich in gehöriger Anzahl eingefunden, ließ der Kommandant zum Kreise schwenken und las die Aufforderung vor. Da sie indeß von keiner Behörde ausgegangen, da sie ferner durchaus keine genauere Nachricht über den Charakter des Aufstandes in Prag enthielt, so glaubte er die Garde in corpore nicht ziehen lassen zu dürfen. Er forderte daher Freiwillige auf, um uneingedenk der Sünden, welcher die Hauptstadt sich in den letzten Monaten schuldig gemacht, den deutschen und czechischen Brüdern zu Hilfe zu eilen, falls es sich wirklich so verhielte, daß Windischgrätz, im Dienste der Reaction, Freiheit und Leben der Bürger bedrohe. — Drei Officiere und gegen 80 Mann — ungefähr ein Drittheil des ganzen Corps — erklärten sich bereit, und wenn auch der Freiwilligkeit Einzelner etwas nachgeholfen worden war, muß doch der muthigen Gesinnung, welche sich hierdurch im Allgemeinen zeigte, alle Anerkennung gezollt werden. Viele der Zurückbleibenden wären auch gern mitgezogen, hätten Familien- und Geschäftsverhältnisse es nur irgend erlaubt; den ausrückenden Arbeitern wurde die Hälfte ihres Lohnes während der Abwesenheit zugesichert.

Der Ausmarsch der Freiwilligen ward auf 4 Uhr Nachmittags festgesetzt. Vorher ereignete sich noch manche komische Scene, hauptsächlich durch Proteste und Interpellationen der schöneren Hälfte der Einwohnerschaft von Arnau veranlaßt. Eine dieser Damen sogar drang in die Reihen der Freischaar und langte sich ihren achtzehnjährigen Sohn heraus, der allerdings auch so schwach und elend aussah, daß Windischgrätz schwerlich von ihm viel zu fürchten gehabt hätte. Sie nahm ihm Patrontasche und Muskete, faßte ihn am Rockkragen und trieb ihn vor sich her, der nahe gelegenen Wohnung zu. Aber das Vaterauge wachte. Sie hatte noch nicht den halben Weg zu ihren Penaten zurückgelegt, vom Gelächter und Jubel der Menge begleitet, da traf von des starken Gatten Hand ein Faustschlag den Nacken der sorglichen Mutter. Er entriß ihr Tasche und Gewehr und den tapferen Sohn und brachte alle drei Gegenstände in die Reihen der Freischaar zurück, und um seine Frau recht zu ärgern, stellte er sich selbst mit ein.

Um vier Uhr war ganz Arnau wieder auf dem Marktplatze versammelt, um den Auszug der Freischaar anzusehen. Alle waren complett gewaffnet und Jeder nach seinem Geschmacke oder seinen Mitteln ausstaffirt; Alle aber belebte ein kriegerischer Geist, und es hatten sich sogar noch mehrere nicht zur Garde gehörige Individuen angeschlossen. Nun ging es ans Abschiednehmen; — cordiale, zärtliche, scherzhafte, traurige, kurz, alle Sorten Abschiede kamen da zu Tage. Dann erscholl das Kommando zum Abmarsche. Die drei Stadtmusici begannen ihren kriegerischen Marsch, und von der halben Bevölkerung begleitet verließ der Trupp die Stadt. Die beiden Riesen am alten Rathhause, von denen der Arnauer abzustammen sich schmeichelt, schienen freundlich zu grinsen über all das kriegerische Getreibe; Tücher wehten aus den Fenstern, aber auch manch rothgeweintes Auge sah dem Zuge nach. Trotz des Regens begleiteten wir ihn noch eine Viertelstunde; mehrere gute und schlechte Reden wurden gehalten, nochmals Abschied genommen und dann wirklich geschieden.

In das Städtchen zurückgekehrt, war Prag natürlich unsere einzige Unterhaltung. Mitunter nur störten uns weinende oder zürnende Frauen, welche ihre Männer per Estaffette zurückgeholt haben wollten; eine besonders wollte schier vor Traurigkeit vergehen. Wie wir später erfuhren, hatte gerade diese Dame auf den Rang und Titel einer Frau noch gar keinen Anspruch, wie es denn überhaupt in Böhmen nicht selten ist, daß die Paare die Trauungsgebühren bis an ihr Lebensende schuldig bleiben.

Des Abends war große Versammlung im ersten Gasthofe. Von neuem hatte ich hier Gelegenheit, die an so vielen Orten Böhmens gemachte Bemerkung bestätigt zu finden, daß nämlich dieser Haß zwischen Czechen und Deutschen außer Prag nirgend existire, mit alleiniger Ausnahme etwa von wenigen Städten, die, wegen Leichtigkeit der Kommunikation mit Prag, der czechischen Agitation zugänglich gewesen waren, z. B. Collin, Pardubitz, Podiebrad. Kurz vorher hatte ich mich noch mehrere Wochen lang in einem kleinen Orte, wenige Stunden von Prag entfernt, aufgehalten und kann versichern, daß selbst hier keine Spur des Deutschenhasses existirte, den man in der nahen Hauptstadt aus jeder Physiognomie, aus jedem Gesange, aus jedem Gespräche herausfinden konnte. Einigermaßen erklärlich wird dies indeß durch den Umstand, daß auf dem Lande arme und wohlhabende Czechen und Deutsche durcheinander leben; in Prag dagegen ist die unterste Bürgerklasse und der eigentliche Plebs rein czechisch geblieben und hat sich also nicht mit dem Deutschen durch Zusammenleben befreunden können. Die wohlhabenderen Klassen bestehen zum größten Theile aus Deutschen. Der Czeche aus den besseren Klassen hielt es für plebejisch, seine Muttersprache zu reden. Ein schlagender Beweis ist auch wohl, daß das Prager Theater alle Abende deutsche Vorstellungen gab, und nur einmal in der Woche, am Sonntag Nachmittag, eine böhmische, die noch dazu gewöhnlich schlecht besucht war. Und sogar seit den Märztagen, inmitten der nationalen Raserei, blieb dieses Verhältniß fortbestehen.

Wir saßen also im Wirthshause und ergingen uns in Vermuthungen über die Ursachen der Prager Ereignisse, und gerade die Czechen in der Versammlung fällten das strengste Urtheil über ihre Landsleute in der Hauptstadt, falls diese die Schuld trügen, und verwünschten die Swornost, Palacky und Thun und alle, die den Nationalhaß in Prag gesäet und groß gezogen. Da, Abends gegen 10 Uhr, trat ein Herr ein, welcher von Pardubitz kam und viele Reisende, die erst am selben Morgen Prag mit der Eisenbahn verlassen, gesprochen hatte. Durch ihn erfuhren wir nun zuerst etwas Näheres über den Stand der Dinge, und meine Vermuthungen, daß die Ultra-Czechenpartei den Kampf veranlaßt habe, und daß Windischgrätz ganz in seinem Rechte sei, bestätigte sich vollkommen. Die Nachricht, daß die Nationalgarde sich nicht an der Insurrektion betheiligt, sondern mit dem Militär halte oder neutral bleibe, gewährte uns den besten Blick in die Verhältnisse. Kurz darauf kam auch ein czechischer Student, der von Wien nach Prag geeilt, auf der letzten Station aber von einem Militär-Piquet angehalten und zurückgeschickt worden war. Er stellte zwar in seinen Berichten die Sachen etwas anders dar, schob alle Schuld auf den „Reactionär“ Windischgrätz u. s. w., aber selbst diese gefärbte Darstellung ließ den wahren Sachverhalt klar erkennen.

Mit Freude und Beruhigung trennten wir uns; vorher aber ward noch von den anwesenden Offizieren der Arnauer Bürgerwehr eine Zusammenstellung dieser Berichte zu Papier gebracht und mittels Estaffette den ausgerückten Freiwilligen nachgesandt, um sie zur Rückkehr zu bewegen, da doch gewiß in dem ganzen Trupp kein Mann sein, der für jene verhaßten Friedensstörer einen Blutstropfen vergießen wolle.

Am andern Morgen, Donnerstag 15. Juni, kam die Estaffette zurück. Der Befehlshaber des Freicorps theilte zwar vollkommen die Ansicht, daß es unter solchen Umständen verbrecherisch sein würde, den Czechen helfen zu wollen; aber die Authentizität der Mittheilungen sei zweifelhaft, und zudem bleibe abermals die Post aus; auch keiner der seit gestern nach Prag gesandten Eilboten sei zurückgekehrt. Wäre Friede geschlossen worden, so sei es gewiß erste Sorge der Postanstalt gewesen, die bereits drei Tage unterbrochene Verbindung wieder zu eröffnen. Er wolle daher einstweilen mit dem Corps, welches die halbe Nacht durchmarschirt war, noch langsam vorrücken, da ja doch im Laufe des Tages sichere Nachrichten einlaufen müßten.

Wie gesagt gingen die Nachrichten der beiden Berichterstatter bis Mittwoch Morgen. Die blutigen Straßenkämpfe und Plünderungen hatten von Pfingstmontag Nachmittags an bis Dienstag Abend gedauert; am Mittwoch Morgens zog Windischgrätz alle Truppen aus der Stadt aufs linke Moldau-Ufer, und die Feindseligkeiten hörten einstweilen auf. Alles war nun der Meinung gewesen, dies sei ein Nachgeben von Seiten Windischgrätz' und der Friede dadurch wieder hergestellt.

So weit gingen also unsere Nachrichten, und da ich hierauf Prag für ruhig halten durfte, gleichzeitig aber auch gern Zeuge etwaiger Nachspiele des Insurrectionsdramas gewesen wäre, so beschloß ich, meine Reise nun nicht länger aufzuschieben. Der Commandant der Bürgerwehr gab mir noch ein Schreiben an das tapfere Freicorps mit, worin das Vorhaben, weiter vorzurücken, gebilligt ward, und so schied ich gegen Mittag von dem freundlichen

Städtchen, dessen gastfreundliche und biedere Bewohner mir stets im Andenken bleiben werden.

Zu Neuschloß, einer Station an der Breslau-Prager Straße, sah es sehr kriegerisch aus, denn hier hielten eben die Freiwilligen der Trautenauer Bürgergarde, gegen 180 Mann stark und von dem bekannten Dichter Uffo Horn angeführt, ihren Einzug. Es waren lauter Deutsche, von gleichen Gesinnungen wie die Arnauer beseelt. Aus denselben Gründen hatten auch sie weiteres Vorrücken beschlossen, bis sichere Nachrichten über den Charakter des Aufstandes oder über seine Beendigung eingelaufen seien. Gegen halb ein Uhr fuhr ich mit Extrapost ab, da der gewöhnliche Postenlauf unterbrochen war. Zwei muthige Damen, die gerade von Breslau her ankamen und gleichfalls nach Prag wollten, bildeten meine Reisegesellschaft. Die jüngere war recht hübsch; ihre blumige Redeweise mit obligater Mimik verriethen mir gleich die Fürstin der Bretter. Bald entdeckte ich auch mehrere Zettel des Coburger Hoftheaters, die zum Einwickeln der verschiedenartigsten Reiseutensilien dienten. Die ältere Dame stand zu ihr offenbar in einem mutterartigen Verhältnisse; beide waren übrigens aus Prag gebürtig und czechischen Ursprungs und Sinnes.

Rasch flog der Wagen dahin. Wir waren noch nicht lange gefahren, als wir einen kleinen Trupp Freischärler aus benachbarten Dörfern überholten, die gleichfalls nach Prag zogen. Einzeln oder zu Zweien und Dreien trafen wir noch mehrere bis zur nächsten Station Neu-Packa; sie waren meist auf die abenteuerlichste Weise bekleidet und bewaffnet, hauptsächlich mit Piken. In Packa hatten die Arnauer in der verflossenen Nacht eine kurze Rast gehalten; Officiere des Trautenauer und anderer Corps waren bereits angekommen, um für die folgende Nacht Quartier zu machen. Um halb Drei fuhren wir weiter. Ein Offizier setzte sich zu uns, und die lebhafteste Unterhaltung verkürzte den Weg nach Gitschin, auf dem wir gleichfalls vielen Freischärlern begegneten. Der neue Reisegefährte erzählte uns besonders viele interessante Anekdoten von dem Wirken der Justiz- und Verwaltungsbeamten auf dem flachen Lande während des ancien régime. Wie hier gewirthschaftet worden ist, davon macht sich bei uns kein Mensch einen Begriff; in Rußland ist es schwerlich schlimmer gewesen!

Gitschin fanden wir in großer Aufregung. Die Arnauer, welchen sich auf dem Wege viele kleine Corps angeschlossen, waren vor einer Stunde durchpassirt, und die halbe Stadt hatte ihnen das Geleit gegeben. Von Prag erzählte man sich schreckenerregende Details; auch wurde behauptet, man höre den ganzen Tag wieder kanoniren, und zwar stärker als am Dienstag. Da Gitschin über zwölf Meilen von Prag liegt, so kam mir dies unwahrscheinlich vor. Wir fuhren nun schnell zu, und gegen 5 Uhr Abends erreichten wir das Arnauer Heldencorps, welches aber inzwischen auf die stattliche Zahl von fast 400 Mann angewachsen war. Die Mannschaft lagerte an der Straße, vor ihnen die Gewehre, womit fast alle bewaffnet waren, in Pyramiden zusammengesetzt. Es herrschte die größte Heiterkeit, man sang, lachte, trank und schwatzte; wer hätte nicht an Wallensteins Lager gedacht! Ich entledigte mich nun der anvertrauten Depesche und begrüßte meine Bekannten, von denen mir einer der Officiere, den man in Arnau bloß den „deutschen Jüngling" nannte, ganz besonders werth war. Ein unerschöpflicher Vorrath von Witz und Humor steckte in dem kleinen Kerl mit den langen gelben Haaren und dem weit umgeschlagenen Kragen.

Die Erlebnisse des Tages und das gegenwärtige Schauspiel wirkten mächtig auf mich, umsomehr, als ich mich des Ranges eines preußischen Landwehr-Officiers erfreue, demzufolge meiner halben Natur nach kriegerisch gesinnt bin. Es waren ganz andere Empfindungen, als wenn es zum Manöver geht, und ich fühlte dies sympathisch mit. Ein unverkennbar edles Gefühl hatte die Männer vermocht, Haus, Hof, Weib und Kind zu verlassen, den täglichen Verdienst dran zu geben trotz der schweren Zeit — und das alles, um einer Stadt zu Hilfe zu ziehen, deren dominirende Partei seit Monaten den Deutschen nichts als Kränkungen und Schmach bereitet hatte! Und während aus dem ganzen nördlichen

Böhmen, von Reichenberg bis hinter Trautenau, aus den rein deutschen Distrikten jede Stadt, ja fast jedes Dorf seine Freiwilligen sandte, haben sich die rein czechischen Städte Jaromirz, Josephstadt &c. garnicht geregt; „Prag", hieß es, „möge allein ausfressen, was es sich eingebrockt." Am 16. Morgens sind allerdings circa 300 Bewohner Collins und der Umgegend mit der Eisenbahn in Prag gewesen, verließen es aber nach vier Stunden wieder; das war der ganze Zuzug der Czechen-Partei.

Besonders erfreulich war bei unseren Scharen die vollkommene Vermischung aller gesellschaftlichen Klassen; vom reichen Grundbesitzer und Fabrikanten bis zum dürftigsten Arbeiter sah man alle Stände in ihren Reihen vertreten. Die Anhöhe, wo die Truppe lagerte, gewährte eine klassische Aussicht auf die romantischen Berge des mittleren Böhmens mit ihren hohen, isolirten, kegelförmigen Kuppen. Nur wenige Stunden entfernt lag der berühmte Jungfern-Felsen, ein Berg oder vielmehr Fels von der eigenthümlichsten Form. Er bildet gleichsam ein kolossales Dach, dessen Giebel so schnurgerade und horizontal hinläuft, als seien Menschenhände seine Erbauer gewesen. Auf beiden Seiten des Dachfelsens stehen zwei regelmäßige Kuppen oder Felsthürme, der Gipfel eines jeden mit einer Schloßruine geschmückt. Zwei Schwestern sollen vor Zeiten diese Schlösser erbaut und in strenger Jungfräulichkeit daselbst bis an ihr Ende gehorstet, übrigens sich unter einander barbarisch gezankt haben. Der letztere Theil ist der glaubwürdigste der Sage.

Nach kurzer Rast brachen die Freischaren auf, und ich fuhr schnell voraus nach Sobodka; ein Theil der Einwohner kam uns schon entgegen, um die Truppe zu empfangen, die andern harrten auf dem großen Marktplatz der Stadt ihrer Ankunft. Nicht lange, so erscholl trommelartiges Getöse; sie langten an, die Arnauer an der Spitze. Es waren wenigstens 8—10 verschiedene Trupps, jeder mit Fahnen und ein oder zwei, der Trommel oder Trompete unkundigen Spielleuten, die einen Heidenlärm machten. Die Züge schwenkten nun ein, und aus der babylonischen Verwirrung, welche diese taktische Handlung auszeichnete, entwickelte sich die Front eines recht ansehnlichen Bataillons auf Friedensstärke. Nun wurden die Quartierzettel vertheilt, und mit großer Freude führte jeder edle Sobodkaner den einschlägigen Freischärler nach Hause.

Währenddessen wurde von den Officieren Kriegsrath gehalten, dabei nicht wenig Wein oder Bier vertilgt. Ich half mit Rath und That. Die Lieutenantsnatur war in ihrer ganzen Entschiedenheit zum Durchbruch gekommen. Durch die glaubwürdigsten Leute wurde es hier bestätigt, daß sich seit dem frühen Morgen Kanonendonner von Prag her vernehmen ließe. Von den ausgesandten Eilboten war noch keiner zurückgekehrt, überhaupt noch keine weitere Nachricht eingetroffen, als wir bereits den Abend vorher in Arnau erhalten. Unter solchen Umständen ward der vernünftige Beschluß gefaßt, daß einer der Herren selbst sofort nach Prag abreise, möglichst genau Nachrichten über den Stand der Dinge einziehe und dann sofort zurückkehre, damit im einen Falle der Zuzug nach Hause zurückkehren, im andern ein rasches und energisches Vorrücken stattfinden könne. Die Wahl fiel auf Herrn B., den Commandanten des Arnauer Corps, einen Mann bereits in den Sechzigern und doch noch mit Jugendbegeisterung für die Freiheit glühend. Gegen ihn übernahm ich noch die Verpflichtung, nach Prag allein vorauszugehen, falls nämlich zu befürchten sei, daß man hinein, aber nicht wieder heraus gelassen werde; kam ich dann auch nicht wieder, so konnte er mit den in der Nähe geschöpften Mittheilungen zurückkehren, und die Corps wußten doch, woran sie waren.

Der Kriegsrath ward aufgehoben und wir bestiegen den Wagen; die beiden heldenmüthigen Damen begleiteten uns. Auf einer Höhe hinter der Stadt hörten wir zuerst den fernen Kanonendonner. Kurze Zeit darauf begegnete uns eine Extrapost, die wir anhielten; es waren Flüchtlinge aus Prag. Von ihnen erhielten wir die erste Nachricht über die Ereignisse des Tages, allerdings, wie ich nachher gefunden, mit argen Übertreibungen. Als Windischgrätz am Morgen vorher alle Truppen auf die Kleinseite und den Hradschin gezogen hatte, wollte er bloß seine Leute schonen, die in den Straßenkämpfen der vorigen Tage furchtbar gelitten hatten.

Er ließ das linke Flußufer mit Soldaten besetzen, unterhalb Prag eine Pontonbrücke schlagen, um mit dem Ziskaberg und der Citadelle Wisherad in Verbindung zu bleiben, und hatte so die ganze Stadt cernirt. Auf der Schützen- und Hetz-Insel, sowie auf den Höhen des Laurentiusberges, Hradschin und Marienschanze fuhren Batterien auf, welche jeden Punkt der Stadt bestreichen konnten. In dieser achtunggebietenden Stellung unterhandelte er mit der Stadt mit Festigkeit und Mäßigung. Er wollte die verhaßten Grenadiere zurückziehen, ja sogar selbst das Commando an den von Wien herbeigeeilten k. k. Commissar Grafen Mensdorf abgeben; vor allem aber seien sofort die Barrikaden wegzuräumen und der gefangene Graf Thun freizugeben. Da der bessere Theil der Bürgerschaft sich kräftig ins Mittel schlug, so kam auch die Kapitulation zu Stande, als plötzlich an diesem Morgen (Donnerstag, den 15. Juni) von czechischer Seite auf Militär-Piquets der Schützen-Insel gefeuert wurde; mehrere Todte waren das Resultat. Sofort brach nun Windischgrätz die Unterhandlungen ab und begann mit Sechs- und Zwölf-Pfündern von den Batterien der Schützen- und Hetz-Insel, der Marienschanze und des Laurentiusberges die Stadt zu beschießen. Die Czechen erwiderten durch ein lebhaftes Kleingewehrfeuer auf die Bedienungsmannschaft der Batterien auf den Inseln und die Soldaten am gegenüberliegenden Ufer. Viele Soldaten sind an diesem Tage gefallen, besonders auf der Schützen- und Hetz-Insel und den nahen Ufern; die Czechen schossen von den in den Fluß hereingebauten Mühlen und dem hohen massiven Brückenthurm. Die Müllerburschen und mehrere Polen sollen sich hier als furchtbare Schützen bewährt haben. Am Nachmittag war ein kurzer Waffenstillstand, der aber nochmals von czechischer Seite gebrochen worden, worauf dann Windischgrätz von Neuem die heftigste Kanonade beginnen ließ.

Dies waren die Ereignisse, welche am selbigen Tage in der Hauptstadt stattgefunden hatten; unser Berichterstatter hatte Prag gegen 11 Uhr Morgens verlassen und behauptete, die Stadt sei an mehreren Stellen in Brand geschossen, fügte überhaupt noch ziemlich greuelhafte Details hinzu. Daß aber von dem czechischen Plebs, der Swornost, den Studenten und dem Gesindel der Kampf ausgegangen sei und unterhalten werde, bestätigte er vollkommen.

Es war schon dunkel, als wir in Jung-Bunzlau, sieben Meilen vor Prag, ankamen. Der weite Markt stand gedrängt voll Menschen. Von der Prager Seite her rasselte Wagen auf Wagen in die Stadt; zwanzig Extraposten waren bereits angekommen, außerdem viele Stellwagen, Lohnkutscher und Leiterwagen. Alle Wirthshäuser der Stadt waren bis unters Dach mit Flüchtlingen gefüllt. Inmitten des Geräusches konnte man doch jeden Kanonenschuß von Prag her deutlich hören. Jeder ankommende Wagen ward umringt, um Neuigkeiten zu hören. Es ist kaum glaublich, welche Widersprüche von diesen Augenzeugen vorgebracht wurden. Während der eine von Brand, Mord und Gräueln erzählte und Windischgrätz als Henker, Tyrannen und Reactionär verfluchte, konnte der andere dessen Mäßigung nicht genug rühmen; kurz, man wußte kaum klug aus der Sache zu werden. Außerdem behaupteten Einzelne, der Weg nach Prag wäre unsicher, in dem Alt-Bunzlauer Walde seien Mehrere angefallen worden, und zudem sei die Elbbrücke bei Brandeis militärisch besetzt, und Niemand werde hinüber gelassen.

Daß unsere Gefährtinnen nun nicht weiter reisten, verstand sich von selbst. Auch Herr B. nebst einigen anderen Herren, die kurz nach uns von Sobodka eingetroffen waren, beschlossen, umzukehren, da sie hinlänglich unterrichtet zu sein glaubten, um den Freicorps den Rückzug anbefehlen zu können. Herr B. suchte auch mich zur Rückkehr, ich ihn dagegen zur Fortsetzung unserer Reise, mindestens bis Brandeis, zu bewegen. Die Gerüchte von Unsicherheit der Straße trugen auch offenbar das Gepräge der Unwahrheit. Wir hatten uns beide noch nicht fest entschlossen, als ich, von einem Gange auf den Markt zurückgekehrt, weder Herrn B. noch einen der andern Herren mehr finden konnte. Aergerlich darüber, ließ ich anspannen, den Wagen zurückschlagen, lieh mir einen Säbel vom Postverwalter und fuhr ganz allein getrost auf der Prager Chaussee weiter.

Es war eine herrliche Nacht; der Mond war voll und die Luft so rein, daß man wohl auf Stunden weit um sich sehen konnte. Gegen 11 Uhr hörte ich die letzten Kanonenschüsse. Nach Mitternacht passirte ich Alt-Benatek und darauf den schönen Wald, der sich bis Alt-Bunzlau erstreckt. Alles war ruhig und stille, nicht das mindeste Verdächtige zu sehen oder zu hören. Auf der Brücke von Brandeis stand zwar eine Schildwache, aber sie ließ mich ohne weiteres passiren. Dieser Ort liegt noch drei Meilen von Prag. Auf der Post machte man erst Schwierigkeiten wegen der Weiterbeförderung, indem ich ja doch keinenfalls in die Stadt käme; da man aber gleichzeitig neugierig war, durch den zurückkehrenden Postillon Nachrichten aus Prag zu erhalten, so ward angespannt, und gegen 3 Uhr Morgens fuhr ich weiter.

Der herrlichste Sommermorgen war herangekommen, als ich gegen halb sechs Uhr von der Höhe von Wyschottan den Blick ins Moldauthal warf. Friedlich ruhte Prag zu meinen Füßen; kein Laut war zu hören, nicht das geringste Zeichen wahrzunehmen von den Ereignissen des vorigen Tages. Landleute versicherten mir, daß auch durchaus keine Feuersbrunst stattgefunden habe. Rasch rollte jetzt mein Wagen den Berg hinab. Unten im Thale bog der Weg nach dem Flusse ein, und nun erblickte ich zuerst einige kriegerische Vorkehrungen. Dem Invalidenhause gegenüber war eine Pontonbrücke geschlagen, von einigen Compagnien Musketieren bewacht, welche an der Straße bivouakirten. Zu meinem Erstaunen ließ man mich ungehindert passiren, und so gelangte ich in die Vorstadt Carolinen-Thal bis zu dem Viaduct der Dresdener Eisenbahn. Da aber, wie ich hier hörte, kein einziges Thor für Wagen passirbar war, so stieg ich aus, nahm einen Träger für das Reisegepäck und schritt zu Fuß weiter; denn da ich nun einmal so weit gekommen, wollte ich mir auch den Verlauf der Dinge an Ort und Stelle ansehen.

So langte ich gegen sechs Uhr Morgens vor dem Porciczer Thore an, über dem eine weiße Fahne flatterte. Es war geschlossen und, wie ich später sah, bis fast unter die Wölbung der

Thorfahrt mit Pflastersteinen verbarricadirt. Nur durch ein kleines, halb geöffnetes Ausfall-Pförtchen, hinter dem gleichfalls ein hoher Steinhaufen aufgeschüttet lag, konnten einzelne Personen sich mit Mühe durchdrängen; hinein ging übrigens Niemand, heraus bloß Weiber und Kinder. — Ein Student und ein Mitglied der Swornost hielten außen Wache. Der Student war ein ganz vernünftiger Mensch; er lachte bloß, daß ich unter solchen Umständen in die Stadt wolle und noch dazu ein Geschäft abzumachen gedächte. Der Kofferträger mußte zurück bleiben, mich aber ließ man passiren. Nicht ohne große Anstrengungen prakticirte ich mich selbst, nebst dem schweren Koffer und der Hutschachtel durch das Pförtchen und über den hohen Steinhaufen. Ein jugendlicher Student thronte oben auf dieser Barricade, und mit einem langen Schwerte bewaffnet, wehrte er jeglichem Drängen, als hinge die Zukunft des panslawistischen Reiches davon ab, daß nicht zwei Gemüseweiber auf einmal den Steinberg passirten. Am Ende des Thorwegs stand abermals eine Wache von sechs Mann, und zwar, wie ich mit Erstaunen sah, in Nationalgarde-Uniform. Die Herren fanden für gut, bei meinem Herannahen das Gewehr zu fällen; ihr Commandant, ein Techniker in dem zarten Alter von beiläufig sechszehn Jahren, examinirte mich scharf und schien lange Zeit staatsmännische Bedenken zu tragen, ob er mich wirklich ohne alle Chicanen in die Stadt lassen solle. Endlich commandirte er: „Passirt!“ — die Bayonette hoben sich, und meinem Glücke stand nichts mehr im Wege: ich durfte in die Hauptstadt des großen Slawenreichs der Zukunft einziehen.

Mit einem neu engagirten Kofferträger schritt ich nun den Porcicz entlang. Drei Barricaden waren dabei zu übersteigen, doch das hatte ich vom 28. Mai her noch in der Uebung, wo die Wiener hoffnungsvolle und souveraine Jugend für gut fand, gegen das G e s p e n s t von Windischgrätz noch weit höhere Barricaden aufzuführen, als die Czechen gegen den leibhaftigen Windischgrätz. Am Pulverthurm angelangt, sah ich die ersten Spuren des stattgehabten Kampfes. Gegenüber lag das Hotel „zum blauen Stern“, wo die Deputirten des Slawen-Congresses einquartirt gewesen; die Fensteröffnungen waren mit Kugelspuren garnirt und keine Scheibe mehr zu sehen. Die breite Kolowratstraße hinunter sah ich noch zwei mächtige Barricaden; eben so war der Thorweg des Pulverthurmes versperrt, neben dem Thurme indeß ein kleiner Gang freigelassen. Auffallend wenig Menschen waren auf den Straßen; wer sich sehen ließ, war auch bewaffnet. Ich betrat die Zeltnergasse; dem Commandanturgebäude, worin Windischgrätz wohnte und wo der Aufstand begonnen, liegt der Gasthof „zum goldenen Engel" gegenüber, und hier pflegte ich einzukehren. Das große Thor stand offen, aber im Innern war Alles öd und leer, keine menschliche Seele zu erblicken. Kugelspuren und zerschlagene Fenster und Läden schmückten das Aeußere. Noch weit besser war aber das nebenliegende Kaffeehaus „zum rothen Thurm" berücksichtigt worden, aus dessen Bel-Etage die Fürstin Windischgrätz am Pfingstmontage, Nachmittags, erschossen wurde. Der Thäter ist, wie ich hier bemerken muß, nicht sicher ermittelt; bloß daß er zur Swornost, welche das Haus besetzt hielt, gehörte, steht fest. Außer dem „Engel" schienen auch alle benachbarten Häuser gänzlich leer, und auf der Straße sah man hier einen Menschen nur als Seltenheit.

Ich sah wohl, daß ich mich unter solchen Umständen dem bloßen Schutze des goldenen Engels über der Einfahrt des Hotels nicht anvertrauen konnte, der überdies selbst in schlechten Heften war; die Nase fehlte, auch hatte man ihn flügellahm geschossen. Ich kehrte also wieder um und fand endlich auf dem Porcicz ein Hotel, in dem das Menschengeschlecht noch durch einige Individuen repräsentirt war. Nachdem ich die Scala aller Speisen und Getränke durchgefordert und mich an dem Resultate, daß durchaus nichts zu haben sei, gelabt hatte, verschloß ich das Reisegepäck in ein Zimmer und verließ diese gastronomische Anstalt, um die Stadt zu durchstreifen.

Zuerst nahm ich den Weg durch die Zeltnergasse nach dem großen Ring. Drei Barricaden verschönerten den Weg. Aber, hilf Himmel, wie sahen die Häuser zu beiden Seiten aus! Von all den schönen großen Scheiben und Doppelfenstern — sonst die Zierde Prags — war nichts geblieben, als Millionen Scherben und Splitter, die das Pflaster bedeckten. Oed und leer starrten die Fensterhöhlen in die Straße; Spuren von Musketen-, Kartätschen- und Paßkugeln, wohin man nur blickte. Ueber alle Beschreibung waren besonders die letzten Häuser auf der linken Seite mitgenommen, wo die Straße rechts nach dem großen Ring einbiegt und wo alle Kugeln, die in der Richtung der Straße abgefeuert wurden, zuletzt einschlagen mußten. Es war wohl kaum der Raum eines Quadratfußes an diesen Häusern aufzufinden, wo nicht eine Kugel eingeschlagen war; Fensterrahmen, Thüren, Gesimse, Läden, Alles war zertrümmert. Glücklicher Weise sind die Häuser ziemlich massiv gebaut, und da die Biegung der Straße nur unbedeutend ist, so drangen die Kanonenkugeln nicht ins Innere, sondern entfernten sich en ricochet, um schief gegenüber noch eine Visite zu machen. Wäre der Biegungswinkel schärfer, so lägen sie jetzt halb in Ruinen.

Ich kam auf den großen Ring, den größten Platz der Altstadt und strategischen Mittelpunkt der ultra-czechischen Insurrection. Fünf riesenhafte Barricaden sperrten die einmündenden Straßen. Die Spuren des Kampfes waren hier sehr sichtbar, wenn auch weniger als in der Zeltnergasse, wo der Kampf am ganzen Montag-Nachmittag und den Dienstag bis fast gegen Abend gewährt hatte. Zuletzt drangen die Soldaten in die Häuser, schlugen im Innern die Zwischenwände ein, oder stiegen über die Dächer und kämpften sich so durch bis auf den Ring, wo am Dienstag-Abend noch über den Platz weg stark gefeuert wurde. Die Czechen waren von Anfang an in den Häusern; die Barricaden sind gar nicht vertheidigt worden. Der erste Kanonenschuß vertrieb unfehlbar die ganze Besetzung; das haben mir sehr viele Augenzeugen erzählt, und selbst Ultra-Czechen gaben es zu. So hatten die Barricaden bei den Kämpfen am Montag und Dienstag fast nichts genützt; daß sie aber gegenwärtig, wo Windischgrätz von außen die Stadt durch seine Batterieen beherrschte, total überflüssig waren, braucht wohl nicht erst erwähnt zu werden.

Die Verwüstungen in der Zeltnergasse rührten natürlich vom Militär her, auf dem Ring dagegen hatten die Czechen sich revangirt und die freistehende Hauptwache total demolirt. Auf einer inneren Wand prangte ein großes Fresco-Gemälde, Windischgrätz am Galgen vorstellend, mit der Ueberschrift: „Der Räuberhauptmann". Die Czechen waren nämlich entsetzlich erbittert, daß Windischgrätz, nach altem Kriegsgebrauche, den Soldaten gestattet haben sollte, die erstürmten Häuser, aus denen geschossen worden, zu plündern; allerdings hatten dadurch viele unschuldige Bürger leiden müssen. So sollen dem Uhrmacher Sucky am Roßmarkt an Uhren, Geld und Pretiosen über 12,000 Gulden C.-M. im Werth entwendet worden sein. Dagegen steht auch wieder fest, daß von ultra-czechischer Seite ganz ähnlich in solchen Häusern verfahren wurde, die von ihnen besetzt, oder deren Eigenthümer wegen deutscher Gesinnung compromittirt waren. Die meisten der von den Soldaten weggenommenen Sachen sollen übrigens wiedergefunden worden sein, indem sie solche beim Auszuge am Mittwoch-Morgen in den Kasernen zurück gelassen hatten; auch viele Uhren und sonstigen Schmuck nahm man liederlichen Dirnen wieder ab, denen die Soldaten Geschenke damit gemacht hatten.

Vom großen Ring ging ich am Carolinum und Theater vorbei nach dem Roßmarkt; mehrere Barricaden in diesen Straßen waren so hoch, daß auf beiden Seiten Leitern standen, um hinüber zu gelangen; in anderen waren Oeffnungen angebracht, wo man durchkriechen mußte. Auf diesem Wege war es meinen Augen vergönnt, eine jener Heroinen zu erblicken, welche das neuerstandene Czechenthum gezüchtet hatte. Mit der Swornost-Mütze auf dem Kopfe, in äußerst kurzem Röckchen, rothen Saffianstiefeln, mit zwei Pistolen im Gürtel und dem Stutzen auf dem Rücken, so schritt sie trotzig einher; staunend folgten ihr meine Blicke, bis sie hinter der nächsten Barricade verschwand, welche sie mit der Gewandtheit einer Katze erklettert hatte. Offenbar gehörte sie jener emancipirten

Klasse an, welche ich auch am 27. Mai in Wien mit so großem Enthusiasmus am Barrikaden-Bau beschäftigt fand. Die Wiener Zeitungen sprachen zwar bloß von „reichgekleideten Damen, mit wehenden Schleiern zc.“, doch manche Journalisten vollbringen ja heut zu Tage weit größere Dinge, als einigen Nymphes du pavé eine Standeserhöhung zu verleihen. Was übrigens diese Prager Amazonen anbelangt, so sollen viele derselben in der That mit Tapferkeit und Kaltblütigkeit gefochten haben, besonders auch die beiden Töchter des bekannten Bierwirthes Faster, des projectirten Czechen-Herzogs, welcher selbst feige entflohen war und jetzt von seiner Partei verlacht und verwünscht wurde.

Auf diesem Wege wurde mir auch ein polnischer Graf gezeigt, ein schöner Mann, reich gekleidet, dem ein Bedienter die Büchse nachtrug. Von seiner Geschicklichkeit im Schießen erzählte man sich Wunderdinge.

Auf dem Roßmarkt waren ziemlich viele Menschen, meist Bewaffnete, in Gruppen beisammen. Der Kampf hatte auch hier schreckliche Spuren zurückgelassen, besonders an den Häusern, welche der Einmündung der Kolowratstraße gegenüber lagen. Bei einem etwas vorspringenden Gebäude dieser Straße waren mehrere Kanonenkugeln durch beide Wände geschlagen. Die Militär-Hauptwache war auch hier völlig zerstört. Vor der altergrauen Reiter-Statue des guten Herzogs Waclaw (Wenzel) war ein Altar errichtet; was für Komödien hatte dieser alte Herr seit einem Vierteljahr nicht alle sehen müssen! Das Thor am Roßmarkt war stark von der Swornost und Nationalgarden besetzt. Ueberhaupt wurden bloß Weiber, Kinder und Greise aus der Stadt gelassen; zugleich durfte Jeder nicht mehr Geld mitnehmen, als er für die angegebene Reise nöthig hatte.

Ich schritt nun die Kolowratstraße hinunter nach dem Neuthor zu. Auf diesem Wege sah ich den Einzug der oben erwähnten czechischen Zuzügler aus Collin und Umgegend. Sie zogen mit Fahnen und klingendem Spiel nach dem altstädtischen Ring, durch die ziemlich menschenleeren Straßen. Des Nachmittags verließen sie die Stadt wieder. Von dem Walle am Neuthor aus sah ich einen Eisenbahnzug abfahren, der von flüchtigen Weibern und Kindern stark besetzt war. Die beiden vorigen Tage hatte jeder Zug gegen achtzig Waggons mitgenommen; da es zuletzt an solchen fehlte, so hatte man Viehwagen zuziehen müssen, und ein Freund erzählte mir später, wie er gesehen, daß vornehme Frauen und kleine Kinder stehend in diesen offenen Verschlägen, der brennenden Sonne ausgesetzt, dicht zusammengedrängt und ohne alle männliche Begleitung, ihre Flucht bewerkstelligen mußten. Ueber 30,000 Menschen waren bereits geflüchtet, und noch immer dauerte dieses fort.

In die Altstadt zurückgekehrt, gelang es mir nach vieler Mühe, einen Bekannten aufzufinden. Außer vielen Details über die Kämpfe und die Parteistellung an den vorigen Tagen unterrichtete er mich über die augenblickliche Sachlage, die mir indeß auch schon aus vielen Gesprächen, welche ich auf den Straßen und Plätzen angeknüpft hatte, ziemlich deutlich geworden war. Nachdem nämlich Windischgrätz am Mittwoch die Stadt verlassen, hatte sich die Nationalgarde, welche am Montag und Dienstag neutral geblieben, eher aber zum Militär, als zu den Insurgenten neigte, förmlich aufgelöst. Die Officiere, größtentheils Adlige, zogen sich zurück oder flüchteten; eben so der rein deutschgesinnte Theil. Dagegen schloß sich nun ein großer Theil der unter der Nationalgarde befindlichen Czechen der Swornost und den Studenten an, außerdem auch manche Deutsche, welche durch die Straßenkämpfe, Plünderungen und die Beschießung des vorigen Tages gelitten hatten. Zudem waren in der Aufregung dieser Tage natürlich viele noch in dem, von den Ultra-Czechen eifrig genährten, Wahne stecken geblieben, als bedrohe Windischgrätz alle constitutionellen Freiheiten; kurz, man soll die, welche während dieser fünftägigen Tragödie die Verführten waren, nicht zu streng beurtheilen. So schien denn also im gegenwärtigen Augenblick die ganze Bevölkerung Prags eine compacte Masse zu bilden, Alle gegen Windischgrätz Rache schnaubend, Alle — wenigstens mit dem Munde — entschlossen, eher auf den Barricaden zu sterben, als sie wegzuräumen, bevor ihre Cardinal-Bedingungen: Absetzung von Windischgrätz und Entfernung seiner Soldaten, erfüllt seien. Wer einen anderen Gedanken laut werden ließ, wagte sein Leben; ich sah selbst auf dem Ring einen Menschen mißhandeln, der sich die unschuldige Aeußerung erlaubt hatte, „daß ja die Barricaden gegen die Beschießung von außen gar nichts mehr helfen könnten.“ Die Masse der friedliebenden Bürger ließ sich weder sehen noch hören; sie standen zwischen zwei Feuern. Wäre diese, wie sich später herausgestellt, so überwiegende Zahl gleich von Anfang an energisch aufgetreten, so hätte all das geschehene und kommende Unglück verhütet werden können; — doch vielleicht ist es auch besser, daß es so gekommen, wie es kam.

Mein Freund gab mir auch noch einen genauen Bericht von dem ersten Zusammenstoß am Pfingstmontag vor dem Commandanturgebäude in der Zeltnergasse; da ich jedes Wort verbürgen kann und diese Vorfälle so widersprechend erzählt worden sind, so gebe ich hier eine gedrängte Darstellung. Nachdem am ersten Pfingsten eine Deputation der Studenten und Swornost bei Windischgrätz gewesen, die bekannten Forderungen gestellt und die bekannte kategorische Antwort erhalten, begaben sich am Montag fast sämmtliche Mitglieder des Sicherheits-Ausschusses, die Elite der deutschen und czechischen Bürgerschaft, zu dem Fürsten, um ihm ihre ganzen Sympathieen und ihre Mißbilligung der ihm von allen Seiten zugefügten Kränkungen zu erkennen zu geben. Mein Freund hatte sich dem Zuge angeschlossen; er konnte nicht Worte genug finden, den Eindruck zu schildern, welchen die Rede, die der Fürst bei dieser Gelegenheit gehalten, und worin er unumwunden sein politisches Glaubensbekenntniß abgelegt, auf alle Hörer ausgeübt. Fast kein Auge war thränenleer geblieben. Tief ergriffen, und zugleich fest überzeugt, daß von diesem Manne bloß die Anarchie zu fürchten haben werde, entfernten sich die Deputirten, und zwar durch verschiedene Ausgänge des Hofes, weil inzwischen ein starker Menschenhaufe vor dem Hotel zusammen gelaufen war, die Deputirten und den Fürsten laut verhöhnend. Eine Art Procession, Kinder voran und Studenten und Swornost hinterdrein, kam gerade in diesem Moment hinzu und vermehrte das Getümmel; sie hatten auf dem Roßmarkt einer Messe beigewohnt, die einer der fanatischsten Geistlichen celebrirte, und sangen ein Spottlied auf die Deutschen, dessen Melodie ich einige Zeit vorher so häufig von dem Orchester der Sophien-Insel gehört hatte, immer mit dem wüthendsten Applaus begleitet. Die beiden letzten Deputirten verließen gerade das Hauptthor des Gebäudes, als einer derselben von dem Volkshaufen thätlich insultirt ward. Während dieses Zusammenlaufs war natürlich die Wache ins Gewehr getreten; der Officier wolle den Deputirten schützen, erhielt aber dabei von einem Techniker einen Faustschlag. Sofort machte er Gebrauch von seinem Degen und hieb jenem das Ohr ab; die Menge drang wüthend auf den Officier ein, worauf aber die Grenadiere ein Bayonnett-Attaque machten und den Haufen gewaltsam auseinander sprengten. Mehrere blieben todt und verwundet auf dem Platze, die Uebrigen flüchteten ins Innere der Altstadt; Barricaden entstanden im Nu und der Kampf begann. Die im blauen Stern befindlichen Slawen eröffneten das Feuer. Der Ausbruch fand auf diese Weise einige Tage früher statt, als die nun entdeckte Verschwörung beabsichtigt hatte. So weit die Berichte meines Freundes.

Von Neuem durchstrich ich die Stadt, obgleich es in der glühenden Sonnenhitze kein Vergnügen war, die vielen Barricaden zu überklettern. In das Innere der Altstadt mit ihren krummen, engen Gassen war der Kampf nicht gedrungen. Das polytechnische Institut glich einer Festung. Auf der Rampe, der Barricade oder in den Höfen und Gängen campirten die Techniker; fabelhafte Aufzüge konnte man da sehen. Lange Degen aus Ziska's Zeiten, mit Körben von Eisendraht, in denen ein Storch hätte nisten können, wechselten mit modernen Schleppsäbeln oder Schwertern mit Kreuzgriff. An handbreiten ledernen Riemen, die über die Schulter getragen wurden, hingen diese abenteuerlichen Waffen.

Schon seit Monaten lief ein bekannter czechischer Dichter mit weißen Tricothosen, rothen Saffianstiefeln, Federbarret, gesticktem Waffenrock mit rothweißem Gürtel zum Spott jedes vernünftigen Menschen in Prag herum; aber seit meiner letzten Anwesenheit hatte er so viele Nachfolger gefunden, daß man kaum mehr darauf achtete. Bezeichnend aber für alle diese geckenhaften Trachten war das Epitheton „pauvre“. Wo nach der alten Tracht rother Sammt sein sollte, war rother Cattun, statt Hermelin sah man Kaninchenpelz; kurz, Alles war so ärmlich und zugleich so prätentiös, daß man mitleidig lächeln mußte, wenn man diese aufgeblasenen Jungen ansah.

Mitten in diesen Stadttheilen waren noch mehrere Bier- und Weinhäuser offen und stark besucht. Man macht sich keinen Begriff von den Ausbrüchen des Fanatismus, welche man dort hören konnte. Wenn Windischgrätz und die Soldaten erst ganz vernichtet oder vertrieben seien, dann sollte es hinter die „Verräther“ gehen, d. h. die, welche es offen mit dem Militär gehalten. Geschriebene Listen solcher Galgen-Candidaten circulirten; ich habe selbst eine in der Hand gehabt und bloß deutsche Namen darauf gefunden. Einen dieser sogenannten Verräther, der am ersten Tage zwei Studenten verhaftet hatte, hielt man auf dem Rathhause gefangen und stellte ihn von Zeit zu Zeit mit einem Strick um den Hals zur Schau aus. Ein junger Pole aus dem Großherzogthum Posen übertraf aber an Fanatismus und Eitelkeit alles, was ich noch gehört hatte. Er trug zwei Pistolen, von denen er die eine als persönlich für Windischgrätz bestimmt der Gesellschaft vorzeigte und dabei dessen längste Lebensdauer bis zum folgenden Abend festsetzte, zugleich allen Anwesenden die lockende Offerte machend: „ihm ins Gesicht zu spucken und ihn mit Füßen zu treten, falls der Tyrann eine Stunde länger lebe.“ Erzählungen von seinen Thaten in der Schlacht bei Zons „gegen das preußische Vieh,“ und auf den Barricaden der Zeltnergasse, und von dem, was er in der Nacht und morgen noch thun wolle, mischten sich mit Schilderungen der künftigen Größe des panslawischen Reiches; das neue Jerusalem der Apokalypse kann sich damit gar nicht vergleichen. Ich weiß nicht, daß mir je ein widerlicheres Subject zu Gesicht gekommen ist, als dieses Exemplar der politischen Leichenvögel unseres Jahrhunderts.

Bemerkungen, die ich im Laufe des Tages schon vielfach gemacht, fand ich durch alles, was ich in diesen verschiedenen Häusern hörte, bestätigt, nämlich, daß sämmtliche Insurgenten an einem kolossalen Irrthum laborirten über die Mittel, welche Windischgrätz zur Unterwerfung der Stadt zu Gebote ständen. Man bildete sich ein, oder machte sich gegenseitig weis, der Fürst sei gezwungen worden, das Militär aus der Stadt zu ziehen; die geringen Erfolge der gestrigen Beschießung, indem natürlich Sechs- oder Zwölfpfünder so massiven Gebäuden nur wenig Schaden thun können, maß man nicht seiner Schonung und Milde zu, sondern glaubte, er habe weder Kanonen von stärkerem Kaliber, noch das mindeste Wurfgeschütz, es fehle ferner den Truppen an allen Lebensmitteln, wie an Patronen, — und was man noch sonst faselte, ohne zu bedenken, daß alle Kriegsvorräthe und Munition meist in den Kasernen und Magazinen der Kleinseite lagerten, und daß Windischgrätz in ungehinderter Communication mit den Festungen Theresienstadt, Königgrätz und Josephsstadt, so wie mit dem ganzen offenen Lande sei. Den ganzen Tag kamen und gingen Parlamentäre, und das hielt man wieder für ein Zeichen der Schwäche; ja, man entwarf schon die abenteuerlichsten Pläne, ihn morgen in seiner Stellung anzugreifen, — einer Stellung, durch Gräben und Bastionen von hinten und durch die steile Anhöhe und Mangel an Raum zum Debouchiren so von vorn gedeckt, daß die geübtesten Truppen nichts dagegen hätten ausrichten können.

Gegen fünf Uhr Nachmittags war ich es müde, diesen Rodomontaden länger zuzuhören, und wollte durch die Jesuitengasse nach der Brücke gehen, ward aber am Clementinum durch eine Wache zurückgewiesen. Ueber den kleinen Ring zurückkehrend, fand ich eine große und sehr aufgeregte Menschenmasse vor dem Rathhause versammelt. Es war nämlich eben ein Ultimatum von

Windischgrätz und Mensdorf angelangt, des Inhalts: daß binnen einer Stunde die Barricaden wegzuräumen seien, widrigenfalls die Stadt sofort bombardirt werde. Diese einfache, verständliche Sprache machte sichtlichen Eindruck. Der auf dem Rathhause permanent versammelte Ausschuß hätte längst gern die Barricaden entfernt, eben so die Nationalgardisten, der neutralen Mehrzahl, welche „Frieden um jeden Preis" wollte, gar nicht zu gedenken. Studenten und Swornost beharrten aber fest auf den Barricaden; sie hatten sich in diese Haufen von Geröll und Pflastersteinen förmlich verliebt. — Doch jetzt drängte es zur Entscheidung. Den Bürgern und Besitzenden ging es an den Kragen, sie wurden muthiger, ihre Zahl verstärkte sich. Aber gleichzeitig verstärkten sich auch alle anderen Parteien. Redner für und gegen sprachen von den Barricaden, das Getümmel und Gedränge und die Aufregung wurden immer größer, und da fast Alles bewaffnet war, so standen die ernstesten Ereignisse zu befürchten. Die bestimmte Stunde war beinahe verstrichen, einzelne Schlägereien hatten schon stattgefunden, da gelang es endlich den Bürgern, die Studenten auf ihre Seite zu ziehen. Ein Redner trat auf und verkündete dies, und sofort stürzten sich Mehrere auf die lange Barricade an der Rathhausecke. Im ersten Augenblicke glaubte ich wirklich, der Kampf werde jetzt beginnen, die Swornost und das Gesindel wollten sich widersetzen. Sie sahen aber wohl bald, daß es sich nicht hindern ließe, und zogen ab, theils tobend und schimpfend, theils mit finsterdrohenden Geberden.

Nun begann das Abtragen der Barricaden wie ein Freudenfest, und mit derselben Schnelligkeit, wie sie gebaut worden, verschwanden sie auch. Alles mögliche Material kam da zum Vorscheine; umgestürzte Wagen, Sopha's, Fässer, Pflastersteine, Leitern, Balken, gefüllte Säcke, — kurz so eine Barricade ist eine wahre Kunstausstellung. Ich ging nun durch die Zeltnergasse nach meinem Gasthofe; alle Physiognomieen hatten sich aufgeklärt, auf allen Gesichtern der Begegnenden war Hoffnung und Freude ausgedrückt. Die Barricaden waren zwar noch nicht vollständig weggeräumt, das sollte morgen geschehen, aber man konnte doch wieder frei passiren, ohne alle fünfzig Schritte Turner-Kunststücke machen zu müssen. Auf dem Porcicz angelangt, suchte ich mein Zimmer und schrieb die Geschichte der Insurrection in kurzen Zügen nieder für meine Freunde in Arnau; ich glaubte, das Stück habe ausgespielt.

Es ging stark auf neun Uhr, und ich wollte eben den Brief schließen; die Dämmerung war hereingebrochen, und eine erquickende Kühle strömte durch's geöffnete Fenster. Plötzlich vernahm ich einen heftigen Knall. Bald folgten ein zweiter und dritter; es blieb kein Zweifel, es waren Kanonenschüsse. Ich eilte auf die Straße. Bestürzt blickte Einer den Andern an, niemand wußte sich das zu erklären. Schnell schritt ich den Porcicz hinunter bis auf den Platz am Pulverthurm. Auf dem Roßmarkt und der Kolowratstraße wurde Alarm geblasen; Bewaffnete von allen Corps eilten heran, indeß nur in spärlicher Anzahl. Jetzt kamen Menschen die Kolowratstraße entlang und schrieen: „Verrath, Verath! Die Bürger haben uns an Windischgrätz verrathen!“ Andere riefen: „Das Militär zieht schon über die Brücken, baut die Barricaden wieder auf!“ Viele legten auch sofort Hand an, und die Barricade vor dem Gasthofe zum schwarzen Roß stand bald wieder fertig. Gleichzeitig entstand an allen Orten Streit zwischen den Bürgern und den Arbeitern oder den Swornost-Czechen. „Ihr Hunde habt uns verrathen!“ schrie man, „die Barricaden sind weg, jetzt sind wir wehrlos, und auch die Studenten sind fort!“ In der That waren viele mit dem Abendzuge weggefahren. Kurz, Geschrei und Streit an allen Ecken, während das Alarmblasen nud Trommeln und die Kanonade fortdauerten. Alle Bürger und Nationalgardisten entfernten sich bald. Die neu errichtete Barricade war anfangs besetzt, — bald aber schlich Einer nach dem Andern weg. Auch die Barricade unter dem Pulverthurme war ziemlich wieder hergestellt, blieb aber unbesetzt. Ich stieg hinüber. In der ganzen Zeltnergasse fast kein Mensch zu sehen. Vom großen Ring her hörte ich Lärmen und Geschrei. Dort angelangt, sah ich vor dem Rathhause einen großen Menschenknäuel; gleich darauf fielen mehrere Schüsse, der Haufe stob aus einander, und Viele stürzten in die Zeltnergasse. Auch dort war Streit zwischen den Bürgern und der Swornost ausgebrochen. Gleichzeitig hieß es, Windischgrätz rücke schon mit Sturmcolonnen durch die Jesuitengasse nach dem Ringe vor. Ich kehrte durch die Zeltnergasse zurück, ohne mir im Mindesten noch den Zusammenhang der Sache erklären zu können; denn daß von Seiten der Bürger an keinen Verrath gedacht worden, lag eben so klar auf der Hand, als daß Windischgrätz keiner perfiden Handlungsweise sich schuldig machen würde.

Auf mein Zimmer zurückgekehrt, packte ich alle meine Sachen ein, um sie auf den Fall einer Flucht gleich ergreifen zu können, und verließ das Hotel wieder, mit dem festen Vorsatze, mir nun einen ganz klaren Begriff von den causis rerum zu verschaffen. Es war inzwischen die Nacht hereingebrochen. Wie ich auf die Straße trat, bemerkte ich plötzlich, daß über der Altstadt der ganze Himmel geröthet war. „Feuer, Feuer! Windischgrätz schießt die Stadt in Brand!“ schrieen wilde Gestalten durch die Straße. Schnell eilte ich der Altstadt zu. Fast kein Mensch war auf der Straße zu sehen. Die Kanonade währte ununterbrochen fort. Die Barricade vor dem schwarzen Roß fand ich ganz unbesetzt. Unten in der Zeltnergasse begegneten mir schon Flüchtlinge. Man hatte inzwischen die Straßenlaternen angezündet; die unzähligen Glassplitter, welche das Pflaster bedeckten, glitzerten und flimmerten, als sei die Straße mit Diamanten besäet. Es war ein merkwürdiger Anblick. Auf dem großen Ring angelangt, fand ich diesen Platz fast menschenleer, nur einzelne Haufen von Bewaffneten standen vor dem Rathhause, und andere sahen, von den gegenüberliegenden Säulengängen aus, nach dem Feuer. Dieses wuchs mit jedem Augenblicke. Die feurige Lohe schlug hoch über die Häuser, und gegen halb elf Uhr war es auf dem Platze so hell, daß man fast lesen konnte.

Schauerlich schön war die Beleuchtung des Rathhauses und der alten Theinkirche mit ihren unzähligen Thürmen und Thürmchen und goldenen Knöpfen. Gespenstisch flatterte die weiße Friedensfahne, die man erst kurz vorher aufgesteckt, vom Rathhausthurme — eine großartige Ironie. In langen Intervallen schallten die dumpfen Schläge der Brandglocke durch die Nacht. Einzelne Leute liefen nach Spritzen, doch die Barrikaden waren noch nicht genug weggeräumt, um sie durchzulassen, und zudem meldete man, daß mit Kartätschen auf die zum Löschen Herbeieilenden geschossen werde. Einmal kam die Nachricht, 2000 Studenten mit vielen Geschützen seien eben von Wien angekommen; zugleich waren viele der Meinung, weil kaum ein Bewaffneter sich mehr sehen ließ, wo doch kurz vorher noch mehr als 20,000 kampfesmuthig dagestanden, daß ein Ausfall gemacht werde, um Windischgrätz in den Rücken zu fallen. Doch das war alles falsch. In dem Brande war den Czechen ein Licht aufgegangen über ihre eigene Ohnmacht; sie gaben sofort das Spiel gänzlich verloren.

Gegen 11 Uhr war es, als ein ungewöhnlich heftiger Knall gehört wurde. Zugleich ertönte das Geschrei: „Eine Bombe, eine Bombe!“ und alles, was noch auf dem Platze war, stürzte in wilder Hast nach den Säulengängen. Ich blickte auf. In majestätischem Bogen stieg der furchtbare Ball wie ein Meteor bis zu unermeßlicher Höhe empor, stand eine Weile fast unbeweglich und begann dann langsam herab zu sinken. Erst schien es, als würde die Bombe auf den Platz fallen, wo wir standen; die meisten flüchteten in die Häuser. Doch nahm sie in der That die Richtung mehr links nach dem Clementinum, wie sie immer schneller, immer schneller herabstürzte und zuletzt dicht über dem Dache des Gebäudes mit furchtbarem Blitz und Knall zersprang. Eine gespenstige, weiß glühende Wolke blieb lange Zeit unbeweglich an dieser Stelle stehen. Eine ergreifende Scene folgte. Alles stürzte heraus auf den Platz, Flüche und Verwünschungen ertönten ringsum. Bewaffnete feuerten ihre Gewehre in die Luft, andere zerschlugen sie an den Ecksteinen und stürzten fort.

Der letzte Ausbruch der ohnmächtigen Wuth war verhallt; die tiefste Stille ward fortan nicht mehr durch menschliche Laute unterbrochen. Leise wie schwarze Schatten glitten die Flüchtigen über den öden Platz; Weiber, Kinder, Greise, selbst Kranke, in Betten und Decken gehüllt, sah ich ununterbrochen von 10 Uhr Abends bis gegen 2 Uhr Nachts flüchten. Leises Schluchzen traf bisweilen mein Ohr. Eine zweite Bombe folgte kurz darauf; sie flog weiter und ist auf der nächsten Allee, ohne Schaden zu thun, zerplatzt.

Bis Mitternacht blieb ich auf dem Platze, beinahe ganz einsam. Das Feuer stieg noch immer; es schien außer den Mühlen auch die umstehenden Gebäude ergriffen zu haben. Der Donner der Geschütze, die Schläge der Brandglocke währten fort. In der Wachtstube des Rathhauses saßen etwa 20—30 Menschen aller Stände. Keiner sprach ein Wort, lautlos starrte alles vor sich hin. Ich beschloß jetzt, mich dem Feuer noch mehr zu nähern und die Stellung der Batterien kennen zu lernen. Ueber den kleinen Ring und durch die engen finstern Gassen längs der Judenstadt gelangte ich, bei meiner genauen Bekanntschaft mit der Oertlichkeit, sehr bald nach dem Tummelplatze. Als ich aus der Dunkelheit auf den freien Platz hinaustrat, blieb ich überrascht und geblendet stehen. Den Anblick vergesse ich nicht, so lange ich lebe. Zur Linken, kaum einige hundert Schritte entfernt, der Brand in seiner ganzen Ausdehnung. Die sämmtlichen altstädtischen Mühlen, mit dem hohen Wasserthurm in der Mitte, standen in hellen Flammen, die riesengroß gen Himmel leckten und zahllose Funken in die windstille, herrliche Mondnacht hinaussandten, bis zu den Sternen sich erhebend und dann in großen Bogen nach allen Seiten herabfallend. Scharf zeichneten sich die herrlichen Formen des Brückenthurms in dem Feuer ab. Die berühmte alte Brücke lag wie ein schwarzer Wall über dem herrlichen Strom, während die reichen Bildsäulen, im Wiederschein des Feuers glänzend, hinableuchteten in die roth bestrahlte Fluth. Hoch über der Gluth schwamm der Mond wie eine silberne Scheibe in der herrlichen Sommernacht; magisch mischten sich seine Strahlen mit dem blutrothen Scheine des Feuers. Alles übertraf aber der Anblick des gegenüberliegenden Stadttheils und des Hradschin. Wie aus glühendem Eisen gegossen dehnte das ehrwürdige Schloß seine ungeheure Front längs dem Kamme des Hügels, von dessen Fuße Gärten, Häuser, Kirchen und Paläste, theils grell beleuchtet, wo sie der Schein des Feuers traf, theils in tiefstem Dunkel weit am Flusse hinauf sich erstreckten. Wie die Krone des Hradschin überragte der St. Veits-Dom das riesenhafte Diorama; deutlich sah man die zierlichen Treppenthürme und alle einzelnen Schönheiten dieses gothischen Wunderbaues.

Mit Worten nicht zu schildern ist aber der Eindruck, den die fürchterliche Stille, welche über der Gegend lag, auf mich machte. Wenn jetzt von den Höhen des Laurentiusberges oder der Marienschanze ein Blitz die Nacht zerriß und der schnell folgende Donner in dem Thale verhallt war, dann senkte sich wieder eine so geisterhafte Stille herab, daß man glaubte, in einer Todtenstadt zu sein. Und welche Betrachtungen regte diese Lage auf! Wo war er hin, dieser dreiunddreißigjährige faule goldene Friede, und was war aus diesen ruhigen, patriotischen Bürgern geworden, an denen man gezähmt und abgerichtet so lange Jahre?

Ich setzte mich auf einen Eckstein. Tief ergriffen überdachte ich die Ereignisse der jüngsten Zeit und die Schicksale meines eigenen, tiefbewegten Lebens. Noch jung, und was schon alles erlebt!

Indem ich den Tummelplatz betrat, wußte ich sehr wohl, daß er dem Feuer beider Batterien ausgesetzt war; allein vor so einer einsamen Paßkugel fürchtete ich mich nicht, und wirklich schlug auch während der ganzen Zeit, die ich bereits dort zugebracht hatte, keine Kugel auf den Platz. Eine andere größere Gefahr hatte ich in der That ziemlich übersehen, obgleich mich der Umstand, den weiten Platz ganz menschenleer zu finden, sehr gut daran hätte erinnern müssen. Das gegenüberliegende Kleinseiter Ufer war nämlich mit Musketieren und Schützen besetzt, die auf alles schossen, was sich auf der Stadtseite sehen ließ. Der Beginn der Kanonade war auch mit lebhaftem Kleingewehrfeuer untermischt gewesen. Später, und während ich da saß, hatte ich keins mehr gehört. Die Hitze des Tages, der Umstand, daß ich bereits zwei Tage und Nächte nicht geschlafen und fast nichts gegessen hatte, und endlich die Abstumpfung gegen Gefahr, welche solche Aufregungen mit sich bringen, dies alles mochte beigetragen haben, mich zu dem ferneren unsinnigen Wagstücke zu veranlassen. Nachdem ich nämlich wohl eine Viertelstunde da gesessen, stand ich auf und schritt über den langen Platz nach dem Flusse hinunter, der hier wohl kaum 250 Schritte breit ist. Ein kleines Floß liegt hier im Flusse, an welches die Prahmen anfahren; leise plätschernd drängten sich die gluthrothen Wellen zwischen den Stämmen hindurch. Ich trat bis vorn auf das Floß, kreuzte die Arme und fing an mit aller Muße das furchtbar schöne Schauspiel zu betrachten, in dem ich nun gleichsam mitten drin stand, gerade zwischen der Batterie der Marienschanze und den brennenden Mühlen.

Aber noch keine halbe Minute hatte ich dort zugebracht, da ward mir die ganze Gefahr meiner Lage klar. Der gegenüberliegende Landungsplatz wimmelte von Weißröcken. Es war hell wie am Tage; sie hatten mich erblickt, und ehe ich mich noch umgedreht, pfiff schon die erste Kugel dicht an mir vorüber. Ohne Säumen vollstreckte ich das strategische Manöver der Retirade in einem bloß dem Tirailleur erlaubten Tempo, und zwar suchte ich mir, da der abschüssige Platz seiner ganzen Länge nach von den Schützen bestrichen werden konnte, den ersten deckenden Gegenstand, einen Thürpfeiler des langen niedrigen Gebäudes, welches nach der Marienschanze zu die Front des Platzes bildet. Ein förmliches Heckenfeuer beunruhigte meinen Rückzug, links und rechts schlugen die Kugeln aufs Pflaster, oder beleidigten meine Ohren mit jenem ominösen Pfiff, der in der That ganz eigenthümlich auf das Nervensystem wirkt. Inzwischen erreichte ich unversehrt meinen Pfeiler. Hätten die Weißröcke geahnt, welch windischgrätz-freundliches Herz in meinem Busen schlug, gewiß, sie hätten mich nicht in diese Position gebracht. Ich brauchte nur den Kopf etwas vorzustrecken, um zu sehen, wie das linke Ufer seiner ganzen Länge nach mit Militär besetzt war. Unbegreiflich blieb mir jetzt, wie ich als Soldat diese Recognoscirung nicht früher vorgenommen.

Eine geraume Zeit verbrachte ich hinter diesem freundlichen

Pfeiler. Einige Schüsse wurden noch auf mein Versteck abgefeuert. Eine Kugel, die von dem andern Thürpfeiler zurückprallte, fiel mir gerade vor die Füße. Ich hob sie später auf; es war eine Büchsenkugel. Um diese Zeit beschoß die Marienschanze die Gebäude, welche vom Tummelplatze bis zu den Kreuzherren längs dem Wasser liegen. Eine Kartätschenladung rasselte gegen die massive Front eines nahen Gebäudes, als wenn man Erbsen gegen ein Brett wirft, — nur etwas stärker. Mit höllischem Sausen flog eine Paßkugel dicht über mir her, das Dach des niedrigen Gebäudes streifend, so daß die Ziegel auf den Platz stürzten. All diese Umstände waren zwar gar nicht geeignet, eine behagliche Stimmung zu erwecken, trotzdem ward ich einen Moment ganz hingerissen, als nämlich — es war gegen 1 Uhr — die nahe Feuersbrunst ihren höchsten Gipfel erreichte und nun plötzlich der Wasserthurm in sich selbst zusammenstürzte und ein Meer von zahllosen Funken himmelhoch emporsprühte. Kurz darauf empfahl ich mich eiligen Schrittes, ohne indeß durch weitere Feindseligkeiten der Weißröcke beunruhigt zu werden, deren Schüssen ich auf dem Wege von wenigstens hundert Schritten noch immer ausgesetzt war. Die erste Straße links einschlagend, fand ich, daß es eine Sackgasse war. An einer Hausthür stand ein Mann und weinte. Längs dem Ufer liegen hier sehr große Holzvorräthe, und er fürchtete, daß sie in Brand geschossen würden. Ich suchte ihn zu trösten. Er führte mich darauf durch sein Haus; ein Hof mit Schutt und Geröll befand sich hinter demselben, und er zeigte mir eine Thür in der gegenüberliegenden Häuserreihe, durch welche ich in die nächste Straße gelangen könne. Ich fand eine offene Thür, wahrscheinlich aber die unrechte. Nach langem Stolpern durch einen niedrigen, finsteren Gang sah ich durch eine Thür Licht schimmern und klopfte an. Stimmen wurden laut, aber erst nach langem Parlamentiren — man schien sich offenbar zu fürchten — ward der Riegel zurückgeschoben. Ich trat ein. Eine Menge Söhne und Töchter Isaaks kauerten zusammen in einer Stubenecke wie Affen, wenn sie frieren. Sehr freundlich holten sie mir einen Stuhl und auch ein Glas Bier. Als ich mich aber erst als Freund von Windischgrätz ausgewiesen, da war ihrer Herzlichkeit kein Ende; endlose Erzählungen von allem, was sie seit Ostern von den Ultra-Czechen erduldet — ich war von vielen solcher Auftritte Zeuge gewesen —, folgten einander. Ich gab dagegen meine eben erlebten Abenteuer zum Besten, und nach einem Stündchen Ruhe, das mir sehr wohl that, schieden wir als sehr gute Freunde.

Nun hatte ich aber auch alles fernere Herumlaufen satt; ich hatte mir ein gründliches Bild von der beneidenswerthen Lage einer belagerten Stadt verschafft, und wäre auf ein Haar nach gründlich von solcher Wißbegier geheilt worden. Das Feuer ließ nach, die Pausen zwischen den Schüssen wurden immer länger. Nicht dreien Menschen begegnete ich auf meinem langen Wege; die Stadt war wie ausgestorben. Gegen halb Drei langte ich auf dem Porcicz an; erst nach langem Pochen fand ich Einlaß im Hotel. Jetzt, wo die Aufregung nachgelassen, fühlte ich eine grenzenlose Mattigkeit, die auch wohl aus den Erlebnissen und Fahrten der letzten vierzig Stunden zu erklären war. Bald lag ich im tiefsten Schlafe.

Um 8 Uhr Morgens, Sonnabend, 17. Juni, war ich wieder auf der Straße. Man glaubte in eine andere Welt versetzt zu sein. Von Barrikaden keine Spur mehr, aus allen Fenstern flatterten Servietten, Tisch- oder Betttücher, als Symbole der zahmsten und friedlichsten Gesinnung. Viele Bewaffnete eilten zwar nach dem großen Ring, aber an jeder Ecke stand Schwarz auf Weiß die Lösung dieses Räthsels: „Binnen einer Stunde alle Waffen abzuliefern! Wo nicht — die Wurfgeschütze stehen bereit.“ Unterzeichnet: Alfred Fürst Windischgrätz. Diese allgemein faßlichen Schlußworte hatten auch die ferneren Dekrete, und man faßte ihren Sinn allgemein. Geistliche im Ornate durchzogen die Straßen, um zum Frieden zu mahnen. Die Herren hätten sich die Mühe sparen können, — die Bomben und Paßkugeln hatten den Erfolg ihrer christlichen Bemühungen anticipirt. Hätten jene Herren früher Wasser ins Feuer gegossen, es hätte viel wirken können; sie versuchten es aber mit Oel.

Vor dem Rathhause war ein Gewühl wie am vorigen Tage, aber lauter fröhliche Gesichter. Kein Student, keine Swornost-Mütze mehr zu sehen. Männer, Kinder, Dienstboten drängten sich durch, um alle Arten und Sorten Waffen abzuliefern. Gegen 9 Uhr kam der k. k. Commissar, Graf Mensdorf, in Person, und ein Vivat erscholl aus tausend Kehlen. Ein armes Individuum, dessen Verstandeskräfte dieser rasche Wechsel der öffentlichen Meinung wahrscheinlich überstieg, wagte es hinzuzufügen: „Windischgrätz müsse aber fort.“ Durch gottlose Prügel ward ihm begreiflich gemacht, wie man über Nacht andere Ansichten von dem Fürsten bekommen haben müsse. Ironie des Schicksals: — Tages vorher prügelte man an derselben Stelle einen Menschen, weil er gegen die Barrikaden sprach!

Das waren zwei Tage, an denen man Welt- und Menschenstudien machen konnte. Die Physiognomie Prags gestern und heute — welcher grenzenlose Unterschied! Ich hatte auf die sogenannten Manifestationen der öffentlichen Meinung nie viel Gewicht gelegt, ich wußte ferner, wie stark die gemäßigte Partei in Prag gewesen war; aber dennoch staunte ich über diesen plötzlichen Wechsel. Denn es waren nicht bloß andere Menschen als gestern, nein, ich erkannte in den allerfriedlichsten so viele Physiognomien wieder, die gestern sich anstellten, als fände der Fürst bloß über ihre Leichen den Weg in die Stadt zurück. Am auffallendsten ward mir diese Bemerkung, als ich gegen Mittag einmal wieder all die Wirthshäuser durchstrich, worin gestern der schrankenloseste Fanatismus hauste. Der liebenswürdige Pole, dessen ich oben erwähnte, war nicht mehr zu sehen; die gefeite Pistole mußte wohl versagt haben, denn Windischgrätz lebte in der That noch. — Die Begeisterung für diesen stieg im Laufe des Tages. Mancher mochte es auch wohl redlich meinen und jetzt erst seinen Irrthum einsehen. Auch war in der That seit Montag in Prag nicht viel Muße zum Ueberlegen gewesen; kurz, man beurtheile unter solchen Umständen Niemanden zu streng.

Des Nachmittags ging ich auf den Quai. Er war stark

besucht. An vielen Gebäuden sah man arge Spuren der Kanonade; denn es war auch mit Vierundzwanzig-Pfündern geschossen worden. Die Mühlen bildeten theils glühende Schutthaufen, theils waren sie bis aufs Wasser niedergebrannt. In dem Wasserthurme brannte es noch immer; seine Mauern waren von der Gluth weit geborsten. Der Schaden des Brandes mag leicht eine halbe Million betragen. Die Paläste von Colloredo und Clam Gallas hatten vom Feuer nur wenig gelitten, die Fenster waren zersprungen und die Rahmen und Vorhänge verbrannt. Trotz der Gefahr von allen Seiten hatten doch einige entschlossene Leute das Umsichgreifen des Feuers verhütet. Die gänzliche Windstille der Nacht erleichterte dies.

Die Veranlassung des zweiten Bombardements muß ich kurz nachtragen, obgleich sie allgemein bekannt ist. Wie gesagt, überließ sich bereits Alles am vorigen Abend den Friedenshoffnungen; da kam gegen 8 Uhr ein Wiener Student zu der Barrikade am altstädtischen Brückenthurm, fanatisirte durch seine Reden mehrere Müllerburschen, Arbeiter und Studenten — auch der oben erwähnte Pole soll dabei gewesen sein —, zog mit ihnen in den Wasserthurm und die Mühlen, und sie begannen auf ein Piquet Soldaten zu feuern, welches über die Brücke ziehen wollte. Der Frivolität jenes leichtsinnigen Burschen verdankt Prag das folgende Unglück; und wo sitzt auch wohl der Heldenmuth, sicher gedeckt auf einen sorglosen Feind zu feuern! Kaum 10 Minuten nach den ersten Schüssen kam schon die erste Granate von der Marienschanze und zündete sofort; gleichzeitig ließen die Batterien des Laurentiusberges und Hradschin ihre Geschütze spielen. Diese Mühlen in Brand zu schießen war bloß ein Akt der Gerechtigkeit, denn von hier war jener Friedensbruch ausgegangen. Auch liegen die Mühlen fast isolirt und in den Fluß hineingebaut, so daß die Gefahr für die Stadt möglichst gering war. Weitere Zerstörung durch Brand ist auch gewiß nicht beabsichtigt worden. Kurz, Mäßigung in der Energie hat Windischgrätz in einem Grade bewiesen, wie ihm unter Tausenden keiner gleich thun würde, — die Gattin eben gemeuchelmordet, der einzige Sohn auf den Tod verwundet und er selbst

Monate lang der Verkennung, selbst der Bessergesinnten, und den Anfeindungen einer verrätherischen Clique preisgegeben. Man werfe mir keinen Haß gegen die Slawen vor. Zwar sind durch langen Aufenthalt unter Polen, Czechen und anderen Spielarten des slavischen Stammes meine mitgebrachten Sympathien erloschen. Aber ich hasse die Slawen nicht, bin nicht ungerecht gegen sie. Offen und ehrlich nur hasse ich jene Partei in Prag, welche frivol und ohne allen Grund den Frieden zweier Nationen gebrochen, die Jahrhunderte lang zusammen gelebt, die in ihren Kronen und Aesten schon zusammen verwachsen waren. Ehrgeizige Literaten, Renegaten und verächtliche Aristokraten, die beim Panslawismus noch ihre Rechnung zu finden glaubten, sie haben alles Unglück ihres Vaterlandes auf dem Gewissen, verflucht selbst von dem größten Theile ihres eigenen Stammes, welcher Frieden und Gleichberechtigung beider Nationalitäten, nicht aber Herrschaft der einen oder andern will. Aber der Kampf mit jener Partei ist noch nicht zu Ende, und der Deutsche sehe sich vor!

Meine Mittheilungen gehen zum Schlusse. Ich fand noch am nämlichen Tage Gelegenheit, meine Geschäfte zu erledigen, und verließ des anderen Morgens 4 Uhr die Stadt. Am Thore standen wieder die wohlbekannten Weißröcke mit den Bärenmützen und fragten nach Paß und Passirschein. Bei Schloß Obristwy lag schon der Dampfer zur Abfahrt bereit, der ersten seit den Schreckenstagen. Er war überbesetzt mit Männern, die sich mit ihren geflüchteten Familien vereinigen wollten. Bald glitt das Boot die Moldau und Elbe hinab. Die weiße Flagge am Mast trug die Friedensbotschaft unserer Ankunft voran; jubelnd an jedem Landungsplatze begrüßt, durchflogen wir das Land. Wie die Sonne sank, hatten wir die sächsische Grenze erreicht, und ich sagte Böhmen Lebewohl.

Denkschrift

über den Einfluß der am 1. Februar 1850 eingeführten neuen schweizerischen Grenzzölle auf den Absatz von Erzeugnissen des Zollvereins.

(Dem K. Preuß. Ministerium des Aeußeren am 5. Mai 1850 erstattet, von Wilhelm Oechelhaeuser, Assessor im Reichshandelsministerium in Frankfurt am Main.)

Der Handel mit der Schweiz ist von großer Wichtigkeit für den Zollverein. Der Schweizerische Statistiker, A. von Gonzenbach, schlägt den Umsatz im allgemeinen Handelsverkehr beider Länder für das Jahr 1848 auf 161,781,000 franz. Francs an, und den speciellen Handel auf 58,000,000 Fr.; nämlich für 40,000,000 Fr. Zollvereins-Erzeugnisse zum Verbrauch in die Schweiz*) und 18,000,000 Fr. schweizerische Producte zum Verbrauch in den Zollverein eingeführt.

Die Umgestaltung des schweizerischen Zollwesens, wie sie auf Grund der neuen Bundes-Constitution vom 12. September 1848 vorgenommen wurde, mußte deshalb die Aufmerksamkeit der Zollvereins-Regierungen in hohem Grade in Anspruch nehmen, einmal aus allgemeinen Gründen und sodann wegen der speciellen Begünstigungen, die vielen Producten schweizerischen Ursprungs bei

*) Die Denkschrift vom 14. December 1891, welche die Einbringung des neuen deutschen Vertrages mit der Schweiz begleitete, giebt den jetzigen Gesammtwerth der Waarenausfuhr Deutschlands nach der Schweiz auf 180 bis 200 Millionen Mark an, also eine Steigerung um das sechsfache, wobei noch zu bemerken ist, daß in obigen 40 Millionen Einfuhr aus dem Zollverein, jedenfalls noch transitirende englische und belgische Waaren eingegriffen waren.

der Einfuhr in den Zollverein im Wege des bestehenden modus vivendi gewährt werden.

Vom allgemeinen Standpunkt aus kann der Schweiz das Recht nicht abgestritten werden, ihre Zollverhältnisse zu ordnen wie sie es gut findet. Berücksichtigt man, daß es in ihrem Belieben stand, ein förmliches Schutzzoll-System anzunehmen, welches gerade während der zwei verflossenen Jahre von Seiten der Handwerker und kleinen Fabrikanten mit aller Macht angestrebt ward, so hat man nur Ursache zur Anerkennung, daß die Bundes-Behörde sich nicht weiter von den ökonomischen Principien entfernte, die von jeher in der Schweiz galten, und die, wie sie die Prosperität jenes Landes erfahrungsmäßig gefördert haben, gleichzeitig für das Ausland die günstigsten waren. Ja wenn man den Verhandlungen im Schooße der constituirenden und legislativen Körperschaften folgt, so ergiebt sich klar, daß das neue Grenzzollsystem ursprünglich nur deshalb eingeführt ward, um die unzähligen Binnenzölle aufzuheben, resp. die Cantone für deren Aufhebung entschädigen zu können. Erst in zweiter Linie trat die Rücksicht, die Zölle auch zu einer Einnahmequelle für den Bund zu machen hinzu. Es waren weder national-ökonomische (schutzzöllnerische) noch rein finanzielle, sondern lediglich Rücksichten der inneren Politik, welche zu dem jetzigen Grenz-Zollsystem geführt haben. Denn bei den seit Jahrhunderten in der Schweiz eingebürgerten Principien der Steuererhebung würde es hinreichen, die gesammten neuen Bundes-Constitutionen in Mißkredit zu bringen, wenn die Summen für Ablösung der Cantons-Zölle und Bestreitung der Bundeskosten im Wege einer direkten Steuer erhoben werden sollten. Weit entfernt also, daß die Schweiz mit ihrem neuen System den hohen Tarifen der Nachbarstaaten ein Paroli biegen wollte, läßt sich vielmehr die Behauptung aufstellen, daß es nur das Resultat einer politischen Concession ist, welche man dem gegen die directen Steuern gerichteten Vorurtheil der Massen bringen zu müssen glaubte.

Vom allgemeinen Standpunkt des internationalen Verkehrs könnte also der Zollverein nur dann in den neuesten Aenderungen der schweizerischen Handelspolitik gegründete Ursache zur Klage finden, wenn dieselbe den Erzeugnissen dritter Länder, und ohne Aequivalent, specielle Vortheile eingeräumt hätte. In dieser Beziehung war nun allerdings die differentielle Besteuerung des Eisens zu Gunsten Englands ein gerechter Beschwerdegrund.

Bei der Normirung dieser Zölle hat übrigens durchaus keine feindselige Absicht gegen den Zollverein zu Grunde gelegen; sie ist vielmehr nur als eine der vielen ungenauen Bezeichnungen zu betrachten, von denen der neue schweizerische Tarif wimmelt. Nachdem nun, sicherem Vernehmen zufolge, die Bundes-Behörde die betreffenden Positionen abzuändern im Begriff steht, darf man diesen Anstand als beseitigt ansehen.

Die Beziehungen der Schweiz zum Zollverein sind indeß der Art, daß sie ihm eine weitergehende Berechtigung zur Einmischung in die Anordnung der Schweizer Zoll- und Handels-Verhältnisse gestatten. Der Zollverein ist nämlich das einzige Land, welches die Eingangszölle für eine große Zahl von schweizerischen Producten theils aufgehoben, theils bedeutend ermäßigt, und außerdem dem Grenzverkehr vielerlei Erleichterungen gewährt hat. Alle diese Vortheile hat der Zollverein der Schweiz ohne jedes Aequivalent zugestanden. Allerdings folgt hieraus, daß ihn hauptsächlich die Rücksicht auf sein eigenes (wirkliches oder vermeintliches) Interesse bewogen hat, jene Concessionen zu machen. Andererseits ist aber ebenso wenig zu verkennen, daß sie in ganz bestimmter Beziehung zu dem von der Schweiz angenommenen System der Handelsfreiheit standen und gleichsam eine Anerkennung der besonderen Vortheile aussprechen, welche hieraus dem Zollverein erwachsen. Die Verbindungen des Elsaß mit Baden vor 1833 waren eben so lebhaft als die mit der Schweiz; dennoch konnte es den Regierungen der Zollvereinsstaaten nicht in den Sinn kommen, von den Erhöhungen der Zölle auf der süddeutschen Grenze französische Erzeugnisse ausnehmen zu wollen.

Die nach Artikel 16 Nr. 3 der Separat-Artikel zu dem Anschluß-Vertrag Badens und nach § 30 des Carlsruher Hauptvollzugs-Protokolls der Schweiz eingeräumten Extra-Begünstigungen beruhen also auf der bestimmten Voraussetzung der Fortdauer jener Verhältnisse, welche den Zollverein zu diesen Concessionen bewogen.

In der Centralisation des Zollwesens (Art. 23 der Bundesverfassung vom 12. September 1848) liegt nun an und für sich noch kein Moment der Benachtheiligung des ausländischen Handels, sondern es fragt sich nur: *ob die Belastung ausländischer und besonders zollvereinsländischer Erzeugnisse auf eine den Absatz oder Gewinn wesentlich beeinträchtigende Weise gesteigert, oder der Verkehr auf sonstige Weise erschwert worden ist?*

Nach dem Schreiben, welches der Vorsteher des schweizerischen Handels- und Zolldepartements Herr Frey-Herosé unterm 21. Februar d. J. an den Königlich Preußischen Geschäftsträger Herrn Major von Wildenbruch richtete, betrug die Belastung des bisherigen Verkehrs durch eidgenössische und Cantonal-Zölle, Weg- und Brückengelder 2c. im Durchschnitte der Jahre 1842 bis 1846 die Summe von 3,072,300 Schweiz. Francs.

Da nun, nach dem Budget von 1850, der Rohertrag aus den Grenzzöllen auf 3,200,000 Francs*) veranschlagt ist, so betrüge die Differenz nur 127,700 Francs oder ca. 4 Procent der früheren Belastung.

An dieser Berechnung ist zuerst auszusetzen, daß die frühere Belastung zu hoch gegriffen erscheint. Sie basirt sich auf die ursprüngliche, die wirkliche Netto-Einnahme erwiesenermaßen überschreitende Forderung der Cantone für Aufhebung ihrer Zölle und Gebühren zum Betrage von 2,314,725 Schweiz. Francs, die sie

*) 1876 brachten die erhöhten Zölle bereits 17 Millionen Francs und der neue schweizerische Zolltarif von 1891 soll über 30 Millionen Francs bringen. Berücksichtigt man, wie diese Zollerhöhungen gleichzeitig auf Erhöhung der Preise in den durch Schutzzölle begünstigten Industrien wirken, so begreift sich leicht, wie der Export der Schweiz durch solche Mehrbelastungen der Production immer mehr auf dem Weltmarkt zurückgedrängt werden muß. Das Freihandelssystem zu verlassen war für die kleine Schweiz ein geradezu selbstmörderischer Akt.

selbst später auf 2,132,921 Francs ermäßigten, und die endlich im April d. J. definitiv auf 1,700,000 Francs (freilich nach Abzug der fortbestehenden Gebühren, wie der Consumo-Gebühren auf Wein u. s. w.) reducirt worden ist. Hiernach ergiebt sich aus der früheren Gesammtbelastung des Verkehrs höchstens eine Netto-Einnahme von 2,850,000 Francs. — Auf der anderen Seite kann mit Bestimmtheit angenommen werden, daß der Rohertrag der gegenwärtigen Grenzzölle den Voranschlag von 3,200,000 Francs bedeutend, und selbst nach Abzug des Betrags der Aus- und Durchfuhrzölle um mindestens 300,000 Francs überschreiten werde. Denn die Berechnung gründet sich auf die Annahme, daß durchschnittlich im Jahr 3,200,000 Centner fremde Erzeugnisse zum Consum in die Schweiz eingeführt würden. Nimmt man aber an, daß im Jahr 1849 bloß in Basel die Einfuhr derjenigen Waaren, wovon der alte eidgenossische Zoll erhoben ward, 1,172,000 Centner betragen hat, so ergiebt sich schon hieraus, daß jene Summe viel zu niedrig gegriffen ist.

Aber selbst diese 3,500,000 Francs repräsentiren nicht vollständig die künftige Gesammtbelastung, indem nicht bloß mehrere (allerdings unbedeutende) Gebühren für kürzere Zeit oder für immer forterhoben werden, sondern auch (nach Art. 32 der Bundesverfassung) die Consumogebühren auf Wein und andere geistige Getränke, deren Ertrag in der Summe der früheren Belastung einbegriffen ist. Die Differenz der früheren und jetzigen Roheinnahmen stellte sich also, statt nach Herrn Frey-Herosé's Berechnung auf 127,700, auf mindestens 1 Million Francs, was einer Steigerung der früheren Belastung um 35 Procent statt um 4 Procent gleichkommt.

Allein auch abgesehen von dieser bedeutenden Differenz liefert die Rechnung des Herrn Frey-Herosé nur ein gänzlich täuschendes Resultat. Er übergeht nämlich mit Stillschweigen den alles entscheidenden Umstand, daß *die frühere geringe Belastung, nach Abrechnung des eidgenossischen Zolles**), *fast ganz gleichmäßig von dem gesammten Verkehr mit schweize-*

*) Dieser eidgenössische Zoll, der sogenannte „Gränzbatzen“, wurde

rischen wie mit ausländischen Producten getragen ward, während die jetzige höhere Belastung ausschließlich auf letzteren ruht. Denn eben auf diese Differenz der Belastung in- und ausländischer Waaren concentrirt sich das Interesse des Auslandes.

Früher ward die Differenz größtentheils durch den eidgenössischen Grenzzoll ausgedrückt. Die Differenzsätze einzelner Cantone zu Gunsten der Producte anderer Cantone waren unbedeutend, und im wesentlichen ward in den Cantonal-Grenzzöllen, Weg- und Brückengeldern, Transitzöllen, verbindlichen Kaufhaus- und anderen Gebühren kein Unterschied der Belastung nach dem Ursprung der Waare gemacht.

Bedenkt man nun, wie vielfach die Güterfrequenz im Innern eines Landes die Einfuhr ausländischer Erzeugnisse übertrifft, so ergiebt sich klar, daß bei Weitem der größte Theil der früheren Zollerträgnisse von dem Verkehr mit schweizerischen Waaren erhoben worden ist. Nach der mäßigsten Annahme entfallen von obigen 2,850,000 Francs, als Rohertrag der früheren Zölle, $1^3/_4$ bis 2 Millionen auf den Verkehr mit Producten schweizerischen Ursprungs.

Die Belastungen aber, welche die Erzeugnisse des Auslands mit den Erzeugnissen der Schweiz gleichmäßig trugen, konnten uns im Grunde gleichgültig sein, da sie das Gleichgewicht des Concurrenz-Verhältnisses nicht störten und da es sich hier überhaupt nicht um Zölle handelt, von deren Höhe eine Verminderung des Consums zu fürchten wäre.

Außer dem eidgenössischen Grenzzoll, dessen Rohertrag nicht bis zu 350,000 Francs im Jahre stieg, fand, wie schon erwähnt, eine Extrabelastung ausländischer Waaren nur in dem Grenzzollsystem oder den Consumogebühren weniger Cantone statt. Die

schon seit dem 1. October 1816 in Beträgen von 1 bis höchstens 2 Batzen pro Centner (1 Batzen = 13 Centimes) von den eingehenden Waaren erhoben und floß in die eidgenössische Kriegskasse, welche hieraus die Militärausgaben bestritt. Glückliches Land!

Gesammtsumme dieser besondern Abgaben von der Einfuhr ausländischer Erzeugnisse hat höchstens 550,000 Francs betragen, während zu der übrigen Summe von 2,300,000 Francs Schweizer und fremde Waaren gleichmäßig beitrugen.

Nach dem neuen Grenz-Zollsystem aber wird vom Verkehr der schweizerischen Producte nichts mehr erhoben, so daß gegenwärtig die Differenz in der Belastung der in- und ausländischen Waaren mit der absoluten Höhe des Rohertrages zusammenfällt, also von 550,000 Francs auf mindestens 3,500,000 Francs gestiegen ist. Letztere Summe vermehrt sich aber noch um die Differenz in den Consumogebühren auf Wein und andere geistige Getränke, die früher von den meisten Cantonen nach gleichmäßigen Sätzen erhoben wurden, sie mochten aus der Schweiz oder aus dem Auslande kommen. Art. 32 der Bundes-Verfassung welcher den Cantonen die Befugniß zur Auflegung resp. Forterhebung jener Gebühren einräumt, sagt ausdrücklich:

„c. Die Erzeugnisse schweizerischen Ursprungs sind mit niedrigeren Gebühren zu belegen als diejenigen des Auslandes" und ferner „d. Consumogebühren auf Wein und andere geistige Getränke schweizerischen Ursprungs dürfen da, wo solche schon bestehen, nicht erhöht, und in Cantonen, welche noch keine beziehen, nicht eingeführt werden."

Die Verfügung ist also ganz gleichbedeutend mit der Auflegung eines Extrazolles auf ausländische Weine, der nur, statt an der Landesgrenze, von den Steuerämtern der Cantone erhoben wird. Um die bisherige Einnahme unverkürzt fortzubeziehen, wird natürlich die verfassungsmäßige Differenz in der Besteuerung durch die höhere Belastung ausländischer Weine, anstatt durch Erniedrigung der Zölle auf Schweizerweine hergestellt. Zudem führen mehrere Cantone die durch die neuern politischen Vorgänge finanziell benachtheiligt sind, diese Consumo-Steuer ein, wo sie bisher noch nicht bestand. Da nun die Einfuhr fremder Weine in die Schweiz durchschnittlich über 150,000 Schweizersaum (230,000 Hectoliter), der Gesammt-Consum aber 667,000 Saum (1 Million Hectoliter) beträgt, so kann man mit Berücksichtigung der bisher erhobenen Consumogebühren auf eine künftige Differenz von mindestens 100,000 Francs zu Lasten der ausländischen Weine mit Sicherheit rechnen, die sich mit der Zeit noch steigern dürfte.

Die Summe der frühern Extra-Belastung der Einfuhr ausländischer Waaren betrug also nur 550,000 Francs, gegenwärtig aber 3,600,000 Francs, die Mehrbelastung also: 3,050,000 Francs im Jahr, anstatt 127,700 nach Herrn Frey-Herosé's Berechnung.

Bleibt man bei der Annahme des eidgenossischen Budgets stehen, daß durchschnittlich 3,200,000 Centner zum Consum in die Schweiz eingeführt werden, so betrug die frühere Extra-Belastung 6½ Kr., die jetzige 45 Kr. pro Centner, also eine Differenz von 38½ Kr. pro Centner, um welche ausländische Waaren bei der Concurrenz mit Schweizerischen künftig nachtheiliger gestellt sind als früher.

Die gegenwärtig eingeführte geringere Belastung des Transits durch die Schweiz*) verdient allerdings Anerkennung; allein die hier in Betracht kommenden Summen sind zu unbedeutend, um das geschilderte Verhältniß wesentlich alteriren zu können.

Somit ist klar, daß durch das neue schweizerische Zollsystem die Verhältnisse allerdings bedeutend geändert worden sind, welche zu der Zeit bestanden, als Seitens des Zollvereins der Schweiz die namhaftesten und wichtigsten Begünstigungen eingeräumt wurden.

Eine solche Berechnung der Belastungs-Differenzen läßt übrigens noch nicht den Grad der Benachtheiligung ersehen, welche wirklich den diesseitigen Interessen zugefügt worden ist. Denn einestheils wird der Betrag der Eingangszölle nicht vom Versender sondern vom Empfänger getragen, und anderntheils fragt es sich erst, wie jene durchschnittliche Mehrbelastung von 38½ Kr. pro Centner auf die Haupteinfuhr-Artikel des Zollvereins vertheilt ist, ehe man beurtheilen kann, ob eine Abnahme unserer Ausfuhr, oder überhaupt

*) Für die Durchfuhr von Deutschland nach Italien erhob die Schweiz bis dahin Transitabgaben bis zu 3½ Francs pro Centner; der neue Zollsatz betrug nur 30 Rappen (= 42 Centimes) pro Centner.

eine Benachtheiligung unsers Verkehrs mit der Schweiz daraus resultiren wird. Zudem kann man die Erhöhungen nur relativ als bedeutend ansehen, während sie absolut, und insbesondere im Hinblick auf die Tarife aller Nachbarländer, noch als höchst mäßige Zölle erscheinen müssen, von deren Höhe insbesondere keine Verminderung des Verbrauchs zu befürchten ist. Um also den wirklichen Grad des Nachtheils bemessen zu können, welchen der schweizerische Tarif unserem Ausfuhrhandel zufügt, muß man bei jeder besonderen Waarengattung untersuchen, welchen Einfluß der betreffende Zollsatz auszuüben im Stande ist.

Der Hauptausfuhr-Artikel des Zollvereins nach der Schweiz sind die Wollenwaaren. Gonzenbach veranschlagt die Einfuhr im Jahr 1840 auf 18,185 Centner im Werth von 23,640,500 französischen Francs, im Durchschnitt der Jahre 1845 bis 1847 betrug sie 11,775 Centner. Der neue schweizerische Zoll beträgt fl. 1,40 Kr. pro Centner also nicht viel über 1/4 Proc. des Werthes der mittelfeinen und feinen Tücher, die den größten Theil unseres Ausfuhrquantums bilden;*) selbst bei den ordinärsten Tüchern (die übrigens die Schweiz selbst fabrizirt) erreicht der Zoll 1 Proc. des Werthes nicht. Es ist klar, daß eine so unbedeutende Belastung den Absatz deutscher Wollenwaaren nach der Schweiz nicht im Mindesten benachtheiligen, noch auf die Ausdehnung der schweizerischen Wollenindustrie einwirken kann.

Bei Baumwollen-Waaren (3,577 Centner im Durchschnitt der Jahre 1845/47) findet das gleiche Verhältniß statt. Die rohen Tücher sind mit fl. 1, [Gegenwärtig 10 bis 50 Francs pro 100 Kilogr.] die gebleichten, gefärbten, appretirten und gedruckten Waaren mit 3 fl. 20 Kr. pro Centner**) belegt. Erstere werden bloß aus England

---

*) Der autonome schweizer Zolltarif vom 10. April 1891 belegt die Wollenwaaren mit Zöllen von 30 bis 120 Francs pro 100 Kilogr. Bei den weiter folgenden Vergleichungen der Zölle von 1850 und 1891 ist übrigens zu bemerken, daß die Erhöhungen vielfach noch bedeutend weiter gehen, indem eine große Anzahl einzelner, und insbesondere werthvoller Artikel, die früher in den Zollsätzen für ganze Waaren-

nach der Schweiz geführt; was in Letzteren vom Zollverein eingeht, wird durch den Zoll nicht über 1 Proc. des Werthes, das Meiste nur mit etwa ½ Proc. getroffen. Eine Verminderung des Absatzes kann hieraus unmöglich folgen. Ueberhaupt hat bei Waaren solcher Art, die meist in kleinen Parthien abgesetzt werden und wobei die Moden oder Gewohnheiten stark in Betracht kommen, die Erhöhung von Zöllen bei Weitem nicht den Einfluß, als bei Rohstoffen oder Halbfabrikaten.

Nur dem Baumwollenzwirn, wovon etwas aus der Rheinprovinz und Baden nach der Schweiz geht, könnte der Zoll von 1 fl. 40 Kr. [Gegenwärtig 9 Francs pro 100 Kilogr.] (1 bis 1½ Proc. des Werthes) möglicherweise einen kleinen Abbruch thun, da bei der hohen Entwickelungsstufe, auf welcher die Schweizer Spinnereien stehen, selbst ein so schwacher Impuls genügen dürfte den Gesammtbedarf selbst zu erzeugen. Unser ganzer Absatz hierin ist indeß unbedeutend.

Leinewand und Leinenwaaren (3,435 Centner in den Jahren 1845/47) zahlen 3 fl. 20 Kr. pro Centner [Gegenwärtig 15 bis 60 Francs pro 100 Kilogr., ganz feine Waaren bis 150 Frs.] also durchschnittlich wohl 1 Proc. des Werthes, was den Absatz nicht gefährden kann.

Auf seidenen und halbseidenen Fabrikaten, wovon

kategorien einbegriffen waren, ausgeschieden und weit höher besteuert worden sind. Den besten Maaßstab für die stattgehabte Steigerung der Zölle gewinnt man durch folgende Vergleichung. Im Zolltarif von 1850 betrug der höchste Eingangszoll der Schweiz 100 Batzen = Frs. 1,40 pro Centner; im Tarif von 1851 15 Francs pro Centner und im Tarif von 1891 300 Francs pro 100 Kilogr., also ungefähr das zehnfache von 1851. Und dabei ist zu beachten, daß im Jahr 1850 die Zölle fast aller übrigen europäischen Länder, insbesondere in Frankreich, Oesterreich und dem Zollverein, weit höher waren, als 1891 beim Abschluß des jetzigen Handelsvertrags. Und doch war die Schweiz damals für absoluten Freihandel, heute für Schutzzoll!

**) Gegenwärtig 45 bis 60 Francs, ganz feine Waaren, Stickereien u. s. w. bis 150 Francs pro 100 Kilogr.

450 Centner im Durchschnitt der Jahre 1845/47 und zwar meist aus der Rheinprovinz nach der Schweiz gingen, ruht ein Zoll von 6 fl. 40 Kr., [Gegenwärtig 100 bis 150 Francs pro 100 Kilogr.; ganz feine Waaren bis 200 Francs.] was etwa 1/4 Proc. des Werthes betragen mag und unserer Industrie nicht den mindesten Nachtheil bringen wird.

Roheisen, das 8 Kr. pro Centner [Gegenwärtig 0,10 Francs pro 100 Kilogr.] zahlt, geht fast ausschließlich aus Belgien ein. Von den verschiedenen Stabeisensorten betrug dagegen die jährliche Ausfuhr des Zollvereins nach der Schweiz nach dem erwähnten Durchschnitt 44,437 Centner, worunter indeß ein Theil fremden (englischen) Ursprungs, durch Vermittelung des Mainzer, Frankfurter und Mannheimer Zwischenhandels. Wie schon Eingangs erwähnt, enthält der schweizerische Tarif eine differentielle Begünstigung des englischen Stabeisens und Blechs von 20 resp. 32 Kr. pro Centner. Betrachtet man dieselbe aber auch als beseitigt, so ist doch um so mehr vorauszusehen, daß unsere Stabeisen-Ausfuhr nach der Schweiz nicht unbedeutend leiden wird, als sicherem Vernehmen nach jene Gleichstellung nicht auf dem Niveau des niederen, sondern des höheren Differenzsatzes vorgenommen werden soll. Alles geschmiedete oder gewalzte Stabeisen wird demnach 40 Kr. pro Centner [Gegenwärtig 0,50 bis 1,70 Francs pro 100 Kilogr.] entrichten müssen, oder gegen 8 Proc. des Werthes der aus dem Zollverein eingeführten Gattungen. Bei der ohnedies so scharfen Concurrenz der deutschen Eisenwerke, die in ökonomischer Beziehung nur unbedeutend günstiger arbeiten und an Qualität des Eisens sogar den schweizerischen Werken nachstehen, muß jener Zollsatz empfindlich einwirken.

In Wirklichkeit gestaltet sich aber das jetzige Concurrenz-Verhältniß im Vergleich zum früheren noch weit ungünstiger, als der Tarifsatz von 40 Kr. ausdrückt. Denn die Aufhebung der innern Zölle, Weggelder u. s. w. hat der schweizerischen Eisenindustrie den noch viel größeren Vortheil des abgabenfreien Bezugs ihrer Rohstoffe gebracht. Die Production einzelner Hochöfen, die Erze und

Holz aus andern oft weit entlegenen Cantonen bezogen, war durch Zölle aller Art bis zu 10,000 schweiz. Francs pro Jahr belastet, was gegen 30 bis 35 Kr. auf den Centner Roheisen ausmachte. Auch vom Transporte des Roheisens zu den Frischereien und sonstigen Verfeinerungs-Anstalten waren Gebühren zu entrichten. Man kann zuversichtlich annehmen, daß das Stabeisen des Zollvereins gegenwärtig um das Doppelte des Zollbetrags, also um 1 fl. 40 Kr. oder gegen 16 Proc. des Werthes in der Concurrenz mit Schweizer Eisen nachtheiliger gestellt ist, als früher. Daß hieraus einige Steigerung der schweizerischen Roh- und Stabeisen-Fabrikation und eine entsprechende Verminderung der Einfuhr und des diesseitigen Fabrikationsgewinnes resultiren wird, scheint unzweifelhaft.

Der Ausgangszoll von 3 Proc. des Werthes auf Holzkohlen ist dagegen ohne nachtheiligen Einfluß für die Badischen Hüttenwerke, da sie deren nicht bedürfen.

Eisenblech mit 40 Kr., [Gegenwärtig 2,50 Francs pro 100 Kilogr.] ist ebenfalls etwas hoch besteuert, so daß die Einfuhr aus dem Zollverein leiden könnte. Dagegen sind die Zölle auf Eisenguß mit 20 Kr., [Gegenwärtig 2,50 Francs pro 100 Kilogr.] Weißblech mit 1 fl. [Gegenwärtig 3 Francs pro 100 Kilogr.] Eisen- und Stahlwaaren mit 1 fl. 40 Kr. [Gegenwärtig 3 bis 15 Francs pro 100 Kilogr.] Messerschmiedewaaren und Blechwaaren mit 3 fl. 20 Kr. [Gegenwärtig 50 Francs pro 100 Kilogr.] u. s. w. weit mäßiger, und werden dem Absatz nach der Schweiz wenig oder gar nicht schaden. Dieß könnte höchstens für einige der gröbsten Eisenwaaren eintreten, die aus Baden nach der Schweiz gelangen.

Die Zölle auf Metallwaaren, Quincaillerien u. s. w. [Gegenwärtig Kupfer- und Messingwaaren 10 bis 50 Francs, Quincaillerien bis 200 Francs pro 100 Kilogr.] erregen kein Bedenken und könnten höchstens für wenige gröbere Artikel fühlbar werden. Die Ausfuhr des Zollvereins nach der Schweiz ist zudem in diesen Waaren ganz unbedeutend.

Im Papier ist die Ausfuhr nach der Schweiz ebenfalls sehr

gering, sonst würde der ungewöhnlich hohe Zoll von 3 fl. 20 Kr. [Gegenwärtig 10 bis 30 Francs pro 100 Kilogr.] die diesseitige Fabrikation stark beeinträchtigen, da er gegen 12 Proc. des Werthes beträgt. Sehr nachtheilig für die Papierfabrikanten des südlichen Badens und Würtembergs ist dagegen der auf die Ausfuhr schweizerischer Lumpen gelegte Zoll von 1 fl. pro Centner, oder gegen 20 Proc. des Werthes. Es ist dies der höchste Ausfuhrzoll des neuen Tarifs, und um so weniger motivirt, als die Lumpenpreise der Schweiz ohnedieß immer niedriger als in den Nachbarländern standen, und die dortigen Papierfabriken noch ein Lumpenquantum von mindestens 10,000 Centner jährlich für den Export übrig lassen.

Die Zölle auf grünes und braunes Hohlglas mit 1 fl. und weißes Glas mit 1 fl. 40 Kr., Spiegel unter einem Quadratfuß zu 3 fl. 20 Kr., über einen Fuß 6 fl. 40 Kr. [Glas und Glaswaaren zahlen gegenwärtig 4 bis 30 Francs pro 100 Kilogr.] gehören ebenfalls zu den ungewöhnlich hohen. In grünem Glas fand im Durchschnitte der Jahre 1845/47 eine Ausfuhr nach der Schweiz von 2,707 Centner, in weißem Glas von 1275 Centner statt; der Zoll beträgt gegen 12 Proc. des Werthes und kann allerdings eine Verminderung der Einfuhr im Gefolge haben, da die meisten Glasfabriken des Zollvereins unter eben so ungünstigen Verhältnissen arbeiten als die Schweizerischen. Für Spiegel, worin übrigens der Absatz gering ist, wird der Zoll weniger schaden.

Die Einfuhr von Leder und Lederwaaren, [Gegenwärtig 8 bis 130 Francs., Handschuhe 300 Francs pro 100 Kilogr.] chemischen Fabrikaten, [Gegenwärtig 0,20 bis 2 Francs pro 100 Kilogr.] Töpferwaaren [Gegenwärtig 0,50 bis 8 Francs pro 100 Kilogr.] u. s. w. wird durch den Tarif nicht wesentlich beeinträchtigt. Nur in Fayence und groben Holzwaaren und Bürstenbinderwaaren, deren Zölle resp. 3 fl. 20 Kr.; 1 fl. und 3 fl. 20 Kr. betragen,*) könnte der Absatz etwas leiden.

*) Fayence gegenwärtig 3 bis 12 Francs, Porzellanwaaren 25 Frs., grobe Holzwaaren 4 bis 8 Francs, Bürstenbinderwaaren 25 bis 70 Francs pro 100 Kilogr.

Von den Erzeugnissen unserer Industrie, die in der Schweiz Absatz finden, zu den landwirthschaftlichen Producten und Fabrikaten übergehend, giebt vorerst der Zoll auf Getreide, wovon durchschnittlich im Jahr über 1 Million Scheffel aus dem Zollverein nach der Schweiz geführt werden, durchaus keinen Anlaß zur Besorgniß, da er bloß 4 Kr. pro Centner [Gegenwärtig 0,30 Francs pro 100 Kilogr.] beträgt; die frühere Extrabelastung betrug mindestens eben so viel. Auch für Sämereien (4 Kr. pro Centner), [Gegenwärtig frei.] Oel und Wolle (8 Kr.), Butter (20 Kr.), [Gegenwärtig Oel 1 bis 20 Francs, Wolle 0,30 bis 0,60 Francs, Butter 8 bis 15 Francs pro 100 Kilogr.] Obst (12 Kr. pro Zugthierlast), Mühlen-Fabrikate (8 Kr. pro Centner), Käse (1 fl. 40 Kr.), Honig (40 Kr.), [Gegenwärtig Mühlenfabrikate 2,50 Francs, Käse 6 bis 10 Francs, Honig 15 Francs pro 100 Kilogr.] u. s. w. hat der Tarif so wenig Beunruhigendes, als für den Absatz von Vieh, rohen Häuten u. s. w. Denn es liegen diesem Verkehr meistens ganz bestimmte in den klimatischen und Bodenverhältnissen gegebene Bedürfnisse zu Grunde.

Nur die Aufhebung des Ausgangszolls von 20 Kr. auf Gerberlohe, Felle und Häute, und von 40 Kr. auf Baumrinde, wäre im Interesse mehrerer an der südlichen Grenze belegenen deutschen Gerbereien wünschenswerth.

Auch für gewöhnliche Weine [Gegenwärtig 6 Francs pro 100 Kilogr.] darf, trotz des hinzutretenden Aufschlags in den Consumogebühren, eine Abnahme des bisherigen Absatzes nach der Schweiz (33,472 Centner im Durchschnitt von 1845/47) durchaus nicht befürchtet werden; eben so wenig für feine Weine, obgleich diese 6 fl. 40 Kr. [Gegenwärtig 25 bis 40 Francs pro 100 Kilogr.] zahlen, indem die Consumenten solcher Gegenstände des verfeinerten Genusses zu den reichen Klassen gehören, die den Verbrauch um eines solchen Aufschlags halber nicht einschränken.

Anders verhält es sich dagegen mit dem Tabak und den Tabaksfabrikaten, wovon der Zollverein höchst bedeutende Quantitäten nach der Schweiz sendet. Im Durchschnitt von 1845/47 betrug die Ausfuhr von Rauchtabak 17,795 Centner, Schnupftabak 9,556 Centner, und Cigarren 1247 Centner. Gonzenbach schätzte 1840 den Werth dieser Einfuhr auf 6 Millionen Gulden; ein Theil davon ist allerdings norddeutsches oder amerikanisches Fabrikat, das nur im Wege des Zwischenhandels vom Zollverein noch der Schweiz geht. Die gegenwärtigen Zölle betragen für Blättertabak 1 fl. pro Centner, für Rauch- und Schnupftabak 3 fl. 20 Kr., für Cigarren 6 fl. 40 Kr. [Gegenwärtig Tabakblätter 25 Francs, Rauch- und Schnupftabak 75 Francs, Cigarren 150 Francs pro 100 Kilogr.] Es ist nun weniger die absolute Höhe der Sätze, als vielmehr die Differenz zwischen dem Blättertabak und den Fabrikaten, welche den Absatz der in Süddeutschland hauptsächlich producirten ordinairen Sorten nothwendig verringern muß, indem die Schweiz künftig mehr Blättertabak einführen und selbst verarbeiten wird.

Ob, wie die Badische Regierung befürchtet, der Absatz von Kaffeesurrogaten, der höchst bedeutend ist und nach dem mehrerwähnten Durchschnitt 35,580 Centner jährlich beträgt, durch den Zoll von 40 Kr. pro Centner [Gegenwärtig 10 Francs pro 100 Kilogr.] leiden kann, während der Kaffeezoll gleichfalls nicht mehr als 40 Kr. beträgt, kann nur die Erfahrung lehren; wahrscheinlich ist es indeß nicht, vielmehr lassen sich eben sowohl Gründe für eine Aussicht auf vermehrten Absatz auffinden.

Der Zucker geht in der Schweiz fast ausschließlich in raffinirtem Zustand ein, meistens aus Holland, einiges auch aus der Rheinprovinz und Baden. Da Rohzucker mit Raffinaden gleich besteuert ist, nämlich 1 fl. pro Centner, [Gegenwärtig 7,50 bis 12 Francs pro 100 Kilogr.] so kann diese Belastung für die Raffineriren des Zollvereins durchaus keinen Nachtheil herbeiführen.

Was die Zölle auf andere Colonialwaaren und sonstige außerdeutsche Erzeugnisse betrifft, so berührt deren Erhöhung den Zollverein nur wenig, obgleich ein großer Theil derselben durch den deutschen Zwischenhandel nach der Schweiz gelangt. Ja es wäre für ihn in mancher Beziehung wünschenswerth, wenn die Schweiz diese Zölle noch mehr erhöhen wollte, theils weil ihr das dadurch gesteigerte Zollerträgniß eine Minderbelastung anderer Artikel, worin der Zollverein nach der Schweiz exportirt gestatten, theils weil es beitragen würde, den kleinen Schmuggel mit solchen Waaren zu vermindern.

Aus dieser Besprechung des Verkehrs mit allen Artikeln, deren Export aus dem Zollverein nach der Schweiz nur einigermaßen von Bedeutung ist, lassen sich kurz folgende Schlüsse ziehen.

Von den Gegenständen des Hauptverkehrs haben nur die ord. Tabakfabrikate eine Benachtheiligung und Verminderung des Absatzes zu erwarten.

In gleichem Falle gilt dies von der Stabeisen-Fabrikation.

In geringerem Grade, oder minder bestimmt, läßt es sich von der Blech-, Papier- und Glas-Fabrikation, ferner von dem Baumwollenzwirn, der Fayence, groben Holz- und Bürstenbinder-Waaren und von den gröbsten und schwersten Artikeln einiger Waarengattungen erwarten, deren verhältnißmäßig höhere Belastung bei jeder Gewichtsverzollung unvermeidlich ist.

Vergleicht man den Werth des bisherigen Exports in diesen Waaren mit der Gesammt-Summe der Ausfuhr nach der Schweiz, so stellt er sich auf $1/8$ bis $1/6$ derselben, während $5/6$ bis $7/8$ der Ausfuhr eine Schmälerung des Absatzes oder Arbeitsgewinnes nicht zu erwarten haben.

Auch darf es nicht mit dem neuen Zollsystem in Verbindung gebracht werden, daß überhaupt der Absatz von Industrie-Erzeugnissen nach der Schweiz von Jahr zu Jahr abnimmt. Es liegt vielmehr in der Richtung begründet, welche das dortige Gewerbewesen schon seit 10 bis 15 Jahren einzuschlagen begonnen hat, nämlich den Bedürfnissen des inneren Marktes größere Aufmerksamkeit zu schenken als früher geschah.

Die hervorgehobenen Nachtheile entfallen fast ausschließlich auf die Production, den Gewerbebetrieb und Handel der südlichen Staaten des Zollvereins und vorzugsweise auf Baden.

Das specielle **Preußische** Interesse wird durch das neue schweizerische Grenzzollsystem kaum fühlbar verletzt.

Preußens Hauptabsatz nach der Schweiz besteht in Wollen-, Baumwollen-, Leinen- und Seidenwaaren, sodann in etwas Quincaillerie, Eisen, Stahl- und Metallwaaren, einigen Ackerbauproducten, Chemikalien, feinen Weinen u. s. w. In Stabeisen, Blech und Weißblech ist die Ausfuhr unbedeutend. Von Tabaksfabrikaten liefert es meist feinere Sorten, die die Zolldifferenz leichter tragen können, sowie überhaupt die Schweiz von dorten mehr feinere, leichtere, also verhältnißmäßig durch die Gewichtszölle am geringsten belastete Waaren zu beziehen pflegt. Die einzigen Nachtheile, welche der Preußischen Tabaks- und Eisenfabrikation, Baumwollenspinnerei u. s. w. möglicherweise aus den neuen schweizerischen Zöllen erwachsen, kann man schon als vollständig ausgeglichen betrachten durch die Ermäßigung der dortigen Transitzölle, die Erleichterungen des Waarenvertriebs durch Reisende und ähnliche Entlastungen des innern Verkehrs.

Ueberhaupt stellt sich die Summe der Nachtheile nicht als so bedeutend heraus, daß darin eine wirkliche gefährliche und weitgehende Verletzung der Interessen eines ganzen Industriezweiges, oder der Nahrungszweige eines Gebietes im Zollverein gefunden werden könnte.

Anderseits sind sie aber wieder bedeutend genug, um nicht einem Land gegenüber, welches bei uns die namhaftesten Zollbegünstigungen genießt, mit Stillschweigen übergangen zu werden. Nun empfiehlt es sich aber durchaus nicht, das Reciprokum in den Zöllen derselben Waaren suchen zu wollen, worin der Zollverein die Einfuhr aus der Schweiz begünstigt, theils weil diese Zölle so gering sind, daß sie uns nichts schaden, theils weil unser Export darin unbedeutend ist. Die Unterhandlungen würden sich vielmehr auf die Zölle der als beinträchtigt hervorgehobenen Artikel, und namentlich auf die Eisen- und Tabakzölle zu erstrecken haben, und außerdem auf diejenigen Erleichterungen des Grenz- und Marktverkehrs, welche in den Artikeln 2 bis 7 des Zollgesetzes bereits in Aussicht gestellt sind.

Die Frage, ob retorquirende Maaßregeln anzuwenden seien, falls die Unterhandlungen gar nicht oder nur theilweise zum Ziele führen, dürfte, soweit sie vom handelspolitischen Standpunkte aus zu entscheiden ist, ganz unbedingt zu verneinen sein. Sie hätten unvermeidlich einen Handelskrieg im Gefolge, der uns mindestens eben so viel, vielleicht größeren Schaden brächte als den Schweizern und der, weit entfernt eine Gewißheit des Erfolges einzuschließen, die Schweiz nur von der für uns vortheilhaftesten Bahn der Handelsfreiheit entfernen würde. Die Interessen, welche hier auf dem Spiel stehen, sind außer allem Verhältniß zu der Gefahr und dem Schaden, welchen wir uns durch Anwendung von Retorsionen aussetzen würden. Hätte allerdings die Schweiz die Entfernung der Differentialzölle auf Eisen verweigert, dann wäre es ein Gebot der Ehre noch mehr als des Interesses gewesen, zu Zwangsmaßregeln zu greifen.

Wichtiger aber noch als die Abstellung aller durch das neue Zollsystem dem Zollvereine zugefügten kleinen Nachtheile, würde die Schließung einer Uebereinkunft mit der Schweiz zur Unterdrückung des Schmuggelhandels und Entdeckung von Zoll-Defraudationen sein.

Schmuggel wird auf der Zollvereinsgrenze vom Bodensee bis Basel in weit größerer Ausdehnung betrieben, als man diesseits anzunehmen pflegt. Hauptgegenstände des Schmuggels sind Kaffee und Zucker, letzterer theilweise aus inländischen Raffinerien, der bei der Ausfuhr nach der Schweiz den hohen Rückzoll genossen hat. Auch Baseler, Aargauer, Züricher und St. Galler Seiden- und Baumwollenwaaren finden in nicht unbedeutenden Quantitäten ihren Weg über die Grenze. Eben so wenig leidet es einen Zweifel, daß die vom Zollverein gewährten Begünstigungen der weißen Bodensee-Weine vielfach zum Einbringen anderer schweizer und französischer Weine mißbraucht werden. Trotz der unvollkommenen Grenzbewachung würde es den schweizerischen Behörden leicht sein, diese Defraudationen bedeutend zu beschränken. Leider ist aber der gute Wille nicht vorhanden, vielmehr enthält das

Zollgesetz Bestimmungen und wird in einer Weise gehandhabt, die deutlich zeigen, daß man gerade umgekehrt mit Sorgfalt alles wegräumt, wodurch der bisherige Schmuggel nach den angrenzenden Ländern gestört werden könnte. So z. B. die Bestimmung (Artikel 6. 1.) des Zollgesetzes, wonach Waarenmengen unter 80 Pfd. Gewicht ohne Ausgangszoll zu entrichten und ohne alle Controle über die Grenze gehen dürfen. Es wird also keinenfalls leicht sein, die Schweiz zu einer solchen Uebereinkunft zu bewegen. Allein es wäre schon viel erreicht, wenn sie sich nur zu einer einfachen Controle der vom Ausland eingeführten Waaren, insbesondere Colonial-Waaren, verstehen wollte, da dieser Schmuggel der Zollvereins-Kasse weit bedeutendere Beträge entzieht, als der Schmuggel mit schweizerischen Erzeugnissen.

Da die Schweiz bei ihren niedrigen Zöllen keinen Schmuggel von Bedeutung zu fürchten hat, so wäre eine solche Uebereinkunft allerdings als eine reine Concession von jener Seite anzusehen. Der Zollverein würde sie sicherlich, auch wenn die Schweiz die gewünschten Aenderungen in den Eisen-, Tabak- und anderen Zöllen nicht zugestände, als ein vollkommenes Aequivalent für die Fortdauer der seinerseits bisher eingeräumten Begünstigungen betrachten können.

Nachschrift im Februar 1892. Der am 10. December 1891 abgeschlossene Zoll- und Handelsvertrag zwischen Deutschland und der Schweiz ermäßigt von 45% der Einfuhren aus dem Zollverein die vorstehend in den Anmerkungen angegebenen Zölle des autonomen schweizerischen Tarifs von 1891, um etwa ein Drittheil ihrer Beträge, und bindet überdies die Zollsätze von weiteren 35% dieser Einfuhren. Hoffentlich bildet dieser Vertrag, für uns wie für die Schweiz, den Wendepunkt, um allmählich wieder in die Bahnen des freieren Verkehrs einzulenken, auf welche die Weltentwicklung unwiderstehlich hindrängt.

GPSR Compliance

The European Union's (EU) General Product Safety Regulation (GPSR) is a set of rules that requires consumer products to be safe and our obligations to ensure this.

If you have any concerns about our products, you can contact us on ProductSafety@springernature.com

In case Publisher is established outside the EU, the EU authorized representative is:

Springer Nature Customer Service Center GmbH
Europaplatz 3
69115 Heidelberg, Germany

Batch number: 10844627

Printed by Printforce, the Netherlands